MARCO POLO

KENIA

Reisen mit Insider Tipps

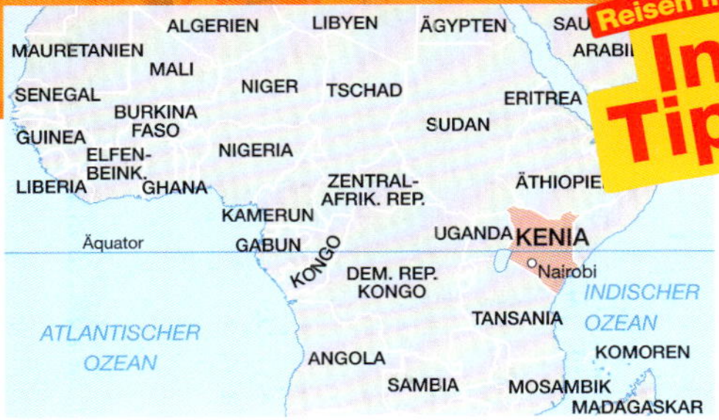

> Mich faszinieren die schier endlose Weite und die von den Menschen so unbeeindruckt wirkende Tierwelt, aber auch das pulsierende Leben einer Großstadt wie Nairobi.

MARCO POLO Korrespondent
Marco Engelhardt
(siehe S. 134)

Das passt:
Der MARCO POLO Sprachführer Englisch

Weitere MARCO POLO Titel:
Tansania/Sansibar, Namibia, Südafrika

Spezielle News, Lesermeinungen und Angebote zu Kenia:
www.marcopolo.de/kenia

KENIA

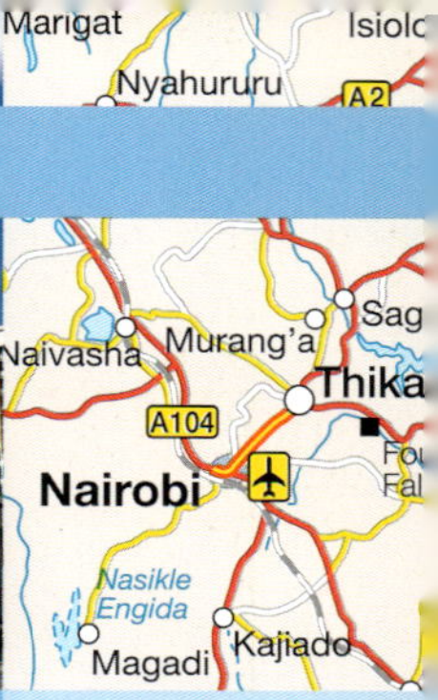

> SYMBOLE

Insider Tipp — **MARCO POLO INSIDER-TIPPS**
Von unseren Autoren für Sie entdeckt

★ **MARCO POLO HIGHLIGHTS**
Alles, was Sie in Kenia kennen sollten

SCHÖNE AUSSICHT

WLAN-HOTSPOT

HIER TRIFFT SICH DIE SZENE

> PREISKATEGORIEN

HOTELS

€€€ über 150 Euro
€€ 100–150 Euro
€ unter 100 Euro

Die Preise gelten für eine Übernachtung von zwei Personen im DZ mit Frühstück. Die meisten Lodges in den Parks sind nur mit Vollpension buchbar

RESTAURANTS

€€€ über 30 Euro
€€ 15–30 Euro
€ unter 15 Euro

Die Preise gelten für ein dreigängiges Essen ohne Getränk

> KARTEN

[114 A1] Seitenzahlen und Koordinaten für de Reiseatlas Kenia
[U A1] Koordinaten für di Nairobi-Karte im hinteren Umschlag
[0] außerhalb des Kartenausschnitts

Zu Ihrer Orientierung sind auch die Orte mit Koordina versehen, die nicht im Reiseatlas eingetragen sin

INHALT

> SZENE

S. 12–15: Trends, Entdeckungen, Hotspots! Was wann wo in Kenia los ist, verrät die MARCO POLO Szeneautor vor Ort

> 24 STUNDEN

S. 94/95: Action pur und einmalige Erlebnisse in 24 Stunden! MARCO POLO hat für Sie einen außergewöhnlichen Tag in Mombasa zusammengestellt

> LOW BUDGET

Viel erleben für wenig Geld! Wo Sie zu kleinen Preisen etwas Besonderes genießen und tolle Schnäppchen machen können:

Günstig unterkommen in Nairobi S. 37 | Preiswert kenianisch essen S. 49 | Erschwinglich: die Camps vom Kenya Wildlife Service S. 70 | Hüttenzauber im Meru-Nationalpark S. 80 | Fangfrischer Fisch aus dem Victoria-See S. 88

> GUT ZU WISSEN

Was war wann? S. 10 | Spezialitäten S. 26 | Blogs & Podcasts S. 34 | Bücher & Filme S. 64 | www.marcopolo.de S. 102 | Was kostet wie viel? S. 104 | Währungsrechner S. 105 | Wetter in Mombasa S. 107

AUF DEM TITEL

Mit Baby-Nashörnern auf Tuchfühlung S. 100
Geysire am Lake Bogoria S. 77

ENTDECKEN SIE KENIA!

Unsere Top 15 führen Sie an die traumhaftesten Orte und zu den spannendsten Sehenswürdigkeiten

Die Highlights sind in der Karte auf dem hinteren Umschlag eingetragen

1 Nairobi National Park
Auf Safari vor den Toren Nairobis: Giraffen und Nashörner flanieren vor der Skyline der kenianischen Metropole (Seite 42)

2 Diani Beach
Schneeweißer Traumstrand unter Palmen am Indischen Ozean (Seite 50)

3 Dhau-Fahrt
Bei einer Tour auf einem der urigen Boote lassen sich der glitzernde Ozean und die Trauminsel Lamu am besten genießen (Seite 57)

4 Tamarind
Das Restaurant in Mombasa gilt als erste Adresse für Fischliebhaber und andere Feinschmecker (Seite 64)

5 Amboseli
Klassisches Motiv: im Vordergrund Elefantenherden, im Hintergrund Schnee auf dem Kilimandscharo (Seite 68)

6 Masai Mara
Savanne, so weit das Auge reicht, beste Chancen, die „Big Five" zu sehen, und die größte Tierwanderung der Welt (Seite 70)

7 Tsavo
Kenias größter Nationalpark besticht durch seine Weite und die vom Staub rot eingefärbten Elefanten (Seite 72)

8 Lake Nakuru
Eine der größten Flamingokolonien der Welt verwandelt den See in einen rosa Traum (Seite 80)

> DIE BESTEN MARCO POLO HIGHLIGHTS

9 Meru-Nationalpark
Kenias bestgehütetes Safarigeheimnis: In dem menschenleeren Park hat man die Wildnis ganz für sich allein (Seite 80)

10 Mount Kenya
Das Wahrzeichen Kenias ist eine Herausforderung für Gipfelstürmer und ein Traummotiv für Fotografen (Seite 81)

11 Samburu
Atemberaubende Tierwelt in Kenias wüstem Norden: Nur hier leben Grevy-Zebras, Gerenuks und Netzgiraffen (Seite 82)

12 Kamelsafari im Samburuland
Wo kein Geländewagen weiterkommt, geht es auf dem Kamelrücken durch ein nahezu unberührtes Kenia (Seite 83)

13 Kakamega
Ein Hauch von Kongobecken in Kenias letztem tropischem Regenwald – Wanderpfade führen zwischen den Baumriesen hindurch (Seite 87)

14 Kogelo
Reise zu den Wurzeln von US-Präsident Barack Obama: In dem westkenianischen Dorf lebt heute noch Obamas Großmutter; sein Vater liegt hier begraben (Seite 88)

15 Kisite-Mpunguti National Marine Park
In diesem Paradies für Schnorchler und Taucher ist die faszinierende Unterwasserwelt des Indischen Ozeans noch heil – und gut zu beobachten (Seite 99)

WAS
FÜR
EIN
LAND!

> Der ganze Reichtum Afrikas in einem Land, das ist Kenia: von bunten Riffen und gold-leuchtenden Stränden, an die türkisfarbene Wellen schlagen, bis zur Weite der Savanne, durch die Löwen, Elefanten, Antilopen und Büffel ziehen. Im Hintergrund, jenseits der Grenze zu Tansania, ragt die Schneekuppe des Kilimandscharo auf. Auch Kenias höchster Berg, der Mount Kenya, ist schneebedeckt. Im tiefen afrikanischen Grabenbruch locken tiefblaue Seen und brodelnde Geysire, im Norden schließt sich die Wüste an, die nur vom Jadegrün des Turkanasees unterbrochen wird. So viel Vielfalt gibt es in Afrika kein zweites Mal.

> Ein Schleier leichten Morgennebels liegt noch über der Landschaft, nur schemenhaft erkennbar die dunkle Masse einer Büffelherde, am Horizont ein erster rosa Streifen. Wenige Minuten noch, dann wird der feuerrote Ball der Sonne aufsteigen und die Landschaft in ein unwirkliches Licht tauchen, wird ein vielstimmiges Konzert der Vögel einsetzen.

Wer einmal auf Safari den Tagesbeginn in der Einsamkeit des ostafrikanischen Graslands erlebt hat, wird dieses Erlebnis nie wieder vergessen. Kenias endlos scheinende Weiten grüner Savannen, eine Tierwelt, die in ihrer Artenvielfalt einmalig ist – das allein macht das ostafrikanische Land am Äquator zu einem außergewöhnlichen Urlaubsziel. Doch Kenia hat noch mehr zu bieten. Wer Sonne und Meer sucht, wird sein Paradies an den Stränden des Indischen Ozeans finden: feiner weißer Sand und türkisfarbenes Wasser, eine aufregende Meeresfauna und -flora in den National Marine Parks.

Begehrtes Fotomotiv: das Nashorn

> Weite, weiße Sandstrände, von Palmen gesäumt

Schwimmen, Schnorcheln, Tauchen, Surfen, Kitesurfen, Segeln, Hochseeangeln: dem Aktivurlauber sind kaum Grenzen gesetzt. Für Gipfelstürmer ist der Mount Kenya die Herausforderung, ein schneebedeckter Fünftausender, das Wahrzeichen des Landes. Wer sich auf Spurensuche nach den Anfängen der Menschheit machen möchte, kann dies am Turkana-See in Koobi Fora tun, der weltberühmt gewordenen Fundstätte eines 1,6 Mio. Jahre alten Homo erectus. Oder im National Museum in Nairobi, wo das vollständig erhaltene Skelett ausgestellt ist.

Ebenso abwechslungsreich ist die Geografie des Landes. Kenia, anderthalbmal so groß wie Deutschland, liegt je zur Hälfte nördlich und südlich des Äquators. Ein Land mit nahezu allen Klima- und Vegetationszonen der Tropen: vom regenreichen Küstenstreifen mit üppiger Vegetation am Indischen Ozean über das fruchtbare Farmland im Zentralen Hochland, tropischen Regenwald und alpine Gletscher am Mount Kenya bis zu den Halbwüsten und Wüsten im Norden am Lake Turkana, dem größten Sodasee der Welt. Ein Land der sanften Hügel und weiten Savannen, der Seen, Berge und Flüsse.

Eine geografische Besonderheit ist das Rift Valley, das sich von Norden nach Süden über das ganze Land zieht. Es ist Teil des Großen Grabenbruchs, eines gewaltigen Risses in der Erdkruste, der sich von Jordanien bis Mosambik erstreckt, vor Millionen von Jahren entstand und eine der dramatischsten Landschaften Kenias ist. Tief unten auf der Grabensohle glitzert eine Perlenkette von sieben Seen, Brutstätte Zehntausender von Flamingos, am Grabenrand türmt sich eine gewaltige Gebirgskette auf, die Aberdares, ein einsames, dicht bewaldetes Bergland mit ausgedehnten Hochmooren und hoch aufragenden Vulkankegeln.

> Safariabenteuer in den Nationalparks

Fast alle Regionen sind touristisch erschlossen, insbesondere die gut besuchten Nationalparks Masai Mara, Tsavo und Amboseli. An der Küste und in den größeren Städten ist die Auswahl an Unterkunftsmöglichkeiten groß: vom Luxushotel bis zu einfachen Blockhütten *(Bandas)* für Selbstversorger. Glücklicherweise sind Kenia die Betonburgen des Massentourismus weitgehend erspart geblieben. In den Nationalparks bieten Lodges guten Komfort, Zeltcamps gibt es in allen Ausstattungsgraden.

Auch wie man sich im Lande bewegt, ist eine Frage der finanziellen Möglichkeiten. Wer die Pirschfahrt nicht im Minibus mit anderen teilen möchte, kann eine Safari im klassischen Stil buchen. Wer es preiswerter, aber auch knochenhart mag, für den empfiehlt sich eine Safari mit einer bunt zusammengewürfelten Reisegruppe im umgebauten Lkw, in Kenias wilden Norden oder in Wildreservate und Nationalparks.

Shanzu Beach – nur einer von vielen Bilderbuchstränden am Indischen Ozean

Kenias Bevölkerung ist, wie die Landschaft, ein vielfältiger Mix: über

WAS WAR WANN?

Geschichtstabelle

2,5 Mio. v. Chr. Wiege der Menschheit: Erste Frühmenschen leben im Rift Valley bei Koobi Fora (Lake Turkana)

9. Jh. n. Chr. Muslime aus Arabien und Persien nehmen Handel mit der Küste auf. Aufschwung der Suaheli-Kultur

1848 Der deutsche Missionar Johannes Rebmann erblickt als erster Europäer den Kilimandscharo

1920 Das Protektorat Ostafrika wird britische Kronkolonie und erhält den Namen „Kenya"

1952–60 Die britische Regierung verhängt den Ausnahmezustand. Mau-Mau-Aufstand

1963 Kenia wird unabhängig, Jomo Kenyatta erster Präsident des Landes

1978 Tod Kenyattas. Nachfolger wird Daniel arap Moi

1982 Putschversuch gegen die Regierung Moi scheitert. Einschränkung der Rede-, Presse- und Versammlungsfreiheit

1991 Eine Verfassungsänderung beendet das Einparteiensystem

1992 Zum ersten Mal seit 26 Jahren finden freie Parlamentswahlen statt. Präsident Moi bleibt im Amt

1998 Bombenanschlag von al-Kaida-Terroristen auf US-Botschaft in Nairobi, 224 Menschen sterben

2002 Ende der Ära Moi. Reibungslose Machtübergabe an den neuen Präsidenten Mwai Kibaki.

2004 Umweltschützerin Wangari Maathai erhält als erste Afrikanerin den Friedensnobelpreis

2007 Schwere Unruhen nach Präsidentenwahl; mehr als 1100 Tote

2008 Gründung einer „großen Koalition" zur Beendigung der Gewalt

40 Mio. Menschen aus über vierzig offiziell anerkannten Ethnien, die ihre eigenen Sprachen und Kulturen haben. Dazu kommen Europäer und Inder – eine multikulturelle Gesellschaft und Schmelztiegel dreier Glaubensgemeinschaften: Christen, Hindus und Moslems. Alle drei Gruppen leben seit Generationen in friedlicher Koexistenz. Kenias Geschichte reicht bis ins 9. Jh. zurück, als an der Küste das blühende Handelsreich der Swahili entstand. Mit den Monsunwinden kamen Schiffe aus China, Ceylon, Indien und Persien, um Seide, Brokat, Glas und Porzellan gegen Elfenbein und Sklaven zu tauschen. 1498 kreuzte der Portugiese Vasco da Gama auf, und ein Jahrhundert portugiesischer Herrschaft begann. Den Portugiesen folgten die Briten. Kenia wurde Kronkolonie. Der „Wind des Wechsels", der das Ende der Kolonialzeit in Afrika einleitete, brachte Kenia 1963 die Unabhängigkeit.

> Die Kenianer: 40 Mio. Menschen aus 40 Ethnien

Im Kalten Krieg blieb das Land westlich ausgerichtet. Doch unter Gründungspräsident Jomo Kenyatta und seinem Nachfolger Daniel arap Moi wurden Bürgerrechte eingeschränkt, Systemgegner vom Staat gefoltert und ermordet. Als 2002 der Oppositionelle Mwai Kibaki ins Statehouse einzog, ging ein spürbarer Wind der Erneuerung durchs Land. Der aber hielt nicht lange an: Bald kamen Korruptionsskandale ans Licht, die zeigten, dass die neue

Eine weiße Moschee inmitten von Hochhäusern

Regierungsmannschaft kaum besser war als die alte. Nach einer Volksabstimmung über die Verfassung, die Kibaki verlor, nahmen die politischen Spannungen zu. Nach den Wahlen 2007 erlebte das Land seine bislang schlimmsten Unruhen: Politiker heizten die Lage so sehr an, dass bürgerkriegsähnliche Zustände zu herrschen begannen. Mehr als 1100 Menschen starben. Bis heute ist die Lage in manchen Landesteilen noch angespannt. Die falsche Stammeszugehörigkeit kann dort schon lebensgefährlich sein. Die unter Vermittlung von Ex-UN-Generalsekretär Kofi Annan gebildete „große Koalition" macht vor allem durch anhaltenden Streit von sich reden.

Gefahr für den Reisenden bedeutet das jedoch nicht: Touristen waren selbst während der Unruhen nicht betroffen. Bedenklich ist am ehesten die hohe Kriminalitätsrate vor allem in den Städten, wo die Schere zwischen Arm und Reich besonders groß ist. Diebstähle und Überfälle können auch Urlauber treffen: Im Zweifel keine Gegenwehr leisten, Geld lässt sich leicht ersetzen. Politische Analysten warnen zudem – vor allem wegen der Nähe zum islamistisch beherrschten Somalia – vor der Möglichkeit von islamistischen Terroranschlägen, die Kenia bereits mehrfach erschüttert haben. Holen Sie vor Ihrer Reise unbedingt die aktuellen Reiseinformationen des Auswärtigen Amts ein.

Politisch angeschlagen, ist Kenia ökonomisch immer noch der wirtschaftliche Motor der Region. Kenianische Unternehmen wie Safaricom, Nakumatt oder die Kenya Commercial Bank verzeichnen an Nairobis Börse Rekordgewinne und expandieren in die Nachbarländer. Mit dem Aufschwung ist eine kenianische Mittelschicht entstanden, die sich zunehmend leisten kann, was früher nur Ausländern vorbehalten war. Immer mehr Kenianer gehen jetzt auch selbst auf Safari und lernen so erstmals ihr eigenes Land kennen.

TREND GUIDE KENIA

Die heißesten Entdeckungen und Hotspots!
Unser Szene-Scout zeigt Ihnen, was angesagt ist.

Simon Baumgartner
... ist in Kenia aufgewachsen. Eltern und Freunde wohnen noch immer dort – einer der Gründe, warum unser Szene-Scout so oft es geht seine alte Heimat besucht. Ein weiterer Grund ist das Land selbst. Zum einen zieht ihn das Großstadtflair von Nairobi und Mombasa an, zum anderen sind es die wunderschönen Küsten, Nationalparks und Reservate.

SHELA BLEIBT SICH TREU

Kleinod im Südosten Lamus

Die Insel Lamu zählt zu den Paradiesen Afrikas. Ruhe und Entschleunigung stehen hier an erster Stelle. Besondere Anziehung hat das Fischerdörfchen Shela. Nicht zuletzt wegen der Häuser aus Korallenstein, die traditionsbewusste Bewohner liebevoll restaurieren, ohne den ursprünglichen Charakter des Hauses zu verändern. In die arabische Vergangenheit der Insel versetzt Sie der Aufenthalt im *Fatumas Tower* *(www.fatumastower.com)*. Spannender Kontrast dazu ist das *Madakani House*, ein traditionelles Suahelihaus aus dem 18. Jh. *(www.lamuretreats.com/madakani-house-lamu/5.html*, Foto*)*. Wie die Fischer des Dörfchens wohnen Sie im *Fishtrap House* mit traumhaftem Blick und eigenem Zugang zum Meer *(zwischen Bahari Beach Hotel und Stopover Hotel, www.fishtraphouse-lamu.com)*.

SZENE

▶▶ KUNST ÜBER KUNST

Innovative Art Spaces

Flip-Flops gibt es an Kenias Küste jede Menge – nicht nur an den Füßen von Sonnenanbetern, sondern auch als angeschwemmter Müll am Strand. Die Künstler des Projekts *UniquEco* machen daraus bunte Skulpturen, Spielzeug und sogar Vorhänge *(z.B. Marula Studios, Marula Lane, Karen, Nairobi, www.uniqueco-designs.com*, Foto). Auch die „Elefantenherde" nahe dem Flughafen ist keineswegs schrottreif. Bildhauer Kioko Mwitiki fertigte sie, wie alle seine Werke, aus verrostetem Industriemetall *(Pimbi Gallery, Mbambane Road, Lavington, Nairobi)*. Das Projekt *Maasai Treads* schließt den Kreis um Flip-Flops und Recycling. Hier werden aus dem Gummi abgefahrener Autoreifen kunstvolle Schuhe gefertigt – Prädikat: Einzelstück *(in Banana Box oder Spinner's Web, Westlands, Nairobi, www.maasaitreads.com)*.

▶▶ ÖKOSTADT KAPUTEI

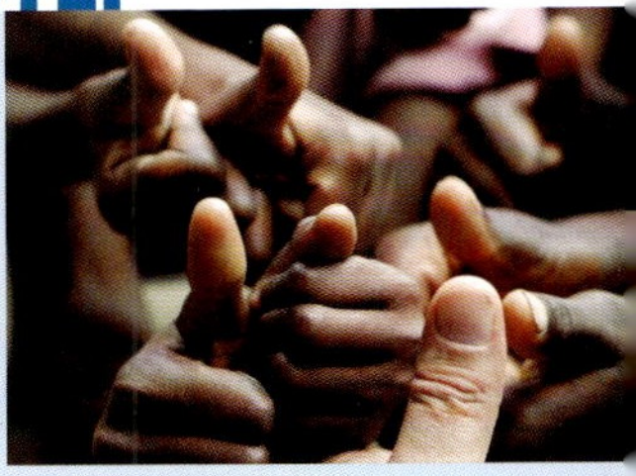

Raus aus den Slums

Verschiedene Projekte bieten Hilfestellung für ein neues Leben in Kenias Slums. Mikrokredite sind ein Anfang, doch oft reichen sie nicht aus, um aus der Armut auszubrechen. Genau deshalb hat die Organisation *Jamii Bora*, was auf Kisuaheli soviel bedeutet wie „bessere Familien", das Konzept der Mikrokredite weiterentwikelt. Die Stadt Kaputei südlich von Nairobi soll mehreren Tausend Slumbewohnern ein neues Heim und eine Zukunftsperspektive bieten. Hier kauft man nicht nur ein Haus, sondern einen neuen Arbeitsplatz und somit die Möglichkeit, den Kredit zurückzuzahlen, gleich mit. Kaputei ist noch längst nicht fertiggestellt, sondern wird gerade von seinen neuen Einwohnern gebaut und erweitert. Der Clou: Die Stadt versorgt sich durch Solaranlagen, Recycling und Landwirtschaft nahezu selbst und ist somit die erste Ökostadt Kenias *(www.jamiibora.org)*.

BIKE TAXIS

Boda-Boda-Boom

Fahrradtaxis – Einheimische nennen sie *Boda Boda* – sind günstiger und somit beliebter als die motorisierten *Matatus*, zudem verkehren sie bis in die hintersten Ecken des Landes. Mittlerweile über die Grenzen der Stadt hinaus bekannt sind die pedalbetriebenen Taxis in Kisumu, wo von Studenten ein spezielles Lastenfahrrad für den Transport entworfen wurde *(http://africanbicycledesign.wordpress.com*, Foto*)*. Diese und andere Bikes z. B. mit Kühlbox oder für den Krankentransport werden in der neuen Werkstatt von *Cycling Blue* repariert und verkauft. Außerdem können Sie hier Räder leihen und mit einem Guide eine Stadttour unternehmen *(Kisumu, http://cyclingblue.wordpress.com)*. Das Team von *Bamboo Bike* setzt auf Fahrräder aus Bambus. Sie sind billiger als die importierten aus China und sollen neue Arbeitsplätze schaffen *(www.bamboobike.org)*.

LITERATUR

Aus dem Bauch heraus

„Kwani?" was soviel bedeutet wie „Warum nicht?" ist das Motto einer vor Ideen sprudelnden Literaturszene. Eine Plattform bietet Kenias erste Literaturinitiative rund um das gleichnamige Magazin *Kwani?*. An den regelmäßigen *Open Mic Nights* im *Club Soundd* darf jeder sein Können präsentieren. So entstanden bereits mehrere Sammelbände lokaler Autoren *(Hamilton House, Kaunda Street, Nairobi, www.kwani.org)*. Ähnliche Events, wie der Poetry Slam im *Dass Restaurant*, avancieren zum Meeting-Point für alle Literaturbegeisterten *(Woodvale Grove, Westlands, Nairobi)*. Weitere Highlights in Sachen Literatur sind die Treffen des *Poets Club (Ort und Datum unter www.silverbird.co.ke)*.

KENIA FASHION

Frecher Afrika-Look

Kenias Modedesigner peppen die Basics vergangener Tage mit frechen Schnitten und witzigen Kombinationen auf. Hinter dem Label *Moo Cow* stehen Carol Wahome and Wambui Njogu. Sie schneidern aus feinen Stoffen und gebatiktem Leder schicke Abendgarderobe *(Shop im Silver Springs Hotel, Nairobi,* Foto*)*. Auf der Suche nach den passenden Accessoires begeben Sie sich am besten zu *Maro Designs:* Der Schmuck aus Knochen, Schaumkorallen oder Kupfer setzt dem modernen Afrika-Look das i-Tüpfelchen auf *(z.B. bei Kiro im Yaya Center, Argwinghs Kodhek Road)*. Riesige Blumenprints und ein bunter Farbmix zieren die luftigen Kleider von *Lalesso (Factory Shop, Kenyaways, Diani Beach, www.lalesso.com)*.

NDOMBOLO-SOUNDS

Heißes auf dem Dancefloor

Ob es nun eine Anspielung auf den Gehfehler des ehemaligen kongolesischen Diktators Kabila oder eine Weiterentwicklung traditioneller Soukous-Varianten ist, bleibt ungewiss. Sicher ist, dass der Tanz- und Musikstil *ndombolo* in Ost- und Zentralafrika für Furore sorgte und im Kongo teilweise sogar verboten wurde. Nun schwappt *ndombolo* nach Kenia und ist Stimmungsgarant auf Partys. Zu hören sind die afrikanischen Sounds u.a. im *Tembo Mombasa (Mombasa–Malindi Road, www.tembodisco.de)*, im *Casaurina (Mtwapa, www.casaurina.com)* oder im *CluBarn* in Nairobi *(Nairobi Ngong Racecourse, abseits Ngong Road, www.clubarn.com)*.

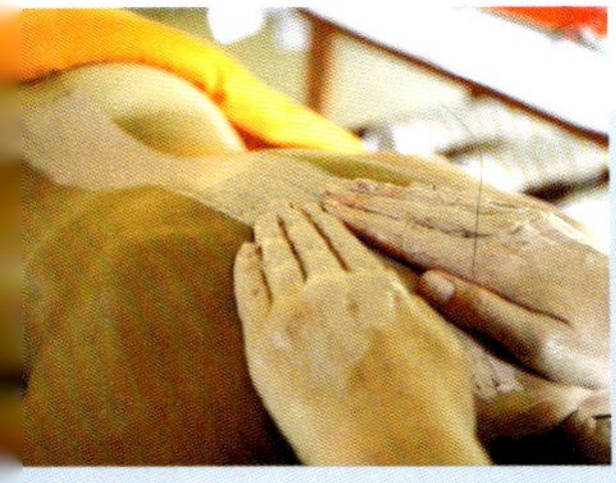

AUS DER NATUR

Kenias Beauty-Geheimnisse

Wellnesstempel machen sich das Wissen um traditionelle Elixiere wie Marula-, Baobab- und Mafura-Butter zu nutze. Im *Uzuri Spa* kommen sie z.B. beim African-Beauty-Wrap zum Einsatz *(im Leopard Beach Resort, Diani Beach Road, Ukunda, www.leopardbeachresort.com,* Foto*)*. Im *Shaanti Holistic Health Retreat* sorgt ein Bad unter Sternen für neue Energien *(Diani Beach, www.shaantihhr.com)*. Neu unter Kenias Wellnesshimmel ist das erste Safari-Spa des Landes. Mitten im Nationalpark Tsavo-West entspannen Sie bei der Relaxmassage African Dream *(Kitani, www.severin-kenya.com)*.

> EINE SAFARI DURCH KENIA

Exotische Vielfalt bei den Menschen und ihren Sprachen. Mehr über Kikuyus, eine Nobelpreisträgerin und das Matatu

AIDS

Wie in vielen Ländern Afrikas ist auch in Kenia die Virusinfektionskrankheit Aids ein großes Problem. Experten schätzen, dass heute fast 7 Prozent aller erwachsenen Kenianer infiziert sind. Die höchste Infektionsrate – zwischen 75 und 80 Prozent – haben Bluttests bei Prostituierten in den Küstenstädten Malindi und Mombasa ergeben. Regierung und internationale Organisationen versuchen mit Aufklärungs- und Hilfsprogrammen gegenzusteuern. Am stärksten breitet sich die Immunschwäche inzwischen innerhalb von Ehen und Partnerschaften aus. Die meisten AIDS-Kranken sterben, wenn sie mitten im Berufsleben stehen und eine Familie ernähren müssten. Vor allem auf dem Land übernimmt die Großelterngeneration die Pflege der AIDS-Waisen im Land, deren Zahl

STICH WORTE

auf mehr als eine halbe Million geschätzt wird.

BEVÖLKERUNG

Kenias Bevölkerung ist ein Gemisch aus mehr als 40 offiziell anerkannten Stämmen *(tribes)* mit mindestens 30 Sprachen und noch mehr Dialekten. Englisch und Kisuaheli sind offizielle Amtssprachen, aber ein Kenianer auf Reisen innerhalb des Landes hat es nicht immer leicht, sich mit seinen Landsleuten zu verständigen. Die größte Gruppe, etwa ein Fünftel, stellen die Kikuyu. Ihr Stammesgebiet ist die Region um den Mount Kenya. Danach kommen, mit etwa 14 Prozent, die Luhya. Sie leben im Hochland nördlich des Victoria-Sees. Urlauber am Indischen Ozean werden zumeist Angehörige der Giriama kennen lernen, eine Minderheitengruppe der Küstenbevölkerung. Die „Exoten“ unter Kenias Bevölkerung sind die Massai, Nachkommen eines stolzen Kriegervolks. Ihre Großväter zogen noch über die Steppen Ostafrikas. Im Mittelpunkt des Massailebens steht das Rind: Die Massai glauben, dass Ihr Gott Ngai ihnen alle Rinder der Erde zugedacht hat. Die weißen Siedler vertrieben sie 1930 aus dem fruchtbaren Hochland und drängten sie ab in den trockenen Norden und in die Gegend des Ostafrikanischen Grabens. Heute gibt es nicht mehr genug Weideland für ihr Vieh, dessen Zahl zudem noch ständig zunimmt. Vielen bleibt nichts anderes übrig, als ihre Traditionen aufzugeben. Ein Problem, das alle Nomaden Kenias betrifft. Sie stellen etwa ein Fünftel der Bevölkerung. Ihr Lebensraum ist vor allem der Norden und Osten des Landes, landwirtschaftlich nicht nutzbare Trockengebiete, Halbwüsten und Wüsten.

Im Straßenbild vor allem der großen Städte – Mombasa, Kisumu und Nairobi – nicht zu übersehen sind die *Asians* („Asiaten“), wie die Menschen überwiegend indischer Herkunft im kenianischen Sprachgebrauch heißen. Viele von ihnen sind Nachkommen jener „Gastarbeiter“, die unter britischer Kolonialherrschaft zum Eisenbahnbau nach Kenia gekommen waren. Sie sind kenianische Staatsbürger mit anderer Hautfarbe, anderem kulturellem und religiösem Hintergrund, fest etabliert im

Traditionell gekleidete Nomaden im Gebiet von Samburu

Geschäftsleben. Läden. Handwerksbetriebe und mittlere Unternehmen sind überwiegend in ihrer Hand; ansonsten aber sind sie weitgehend unter sich geblieben.

KORRUPTION

Korruption ist fester Bestandteil des kenianischen Alltags. Schlagzeilen machen meist die spektakulären Fälle der Großkorruption, vor allem wenn Politiker Staatsgelder veruntreuen. So flog 2010 der „Maisskandal" auf: Der Landwirtschaftsminister soll Maisrationen, die für Notleidende bestimmt waren, mit Millionengewinn verkauft haben. Tage später wurde bekannt, dass auch Millionen an Hilfsgeldern für die Förderung der Grundschulen im Land veruntreut wurden. Nicht einmal vor den Toten machen korrupte Politiker halt: Der Kauf des dringend benötigten neuen Friedhofs in Nairobi wurde auf Eis gelegt, weil einige Beamte und Minister mitverdienen wollten. Verhandelt werden solche Fälle vor Gericht nie, schließlich gilt auch die Justiz als hochgradig korrupt. So weit verbreitet ist die Korruption, dass der von Präsident Kibaki eingesetzte Anti-Korruptionsbeauftragte John Githongo nach einigen Jahren im Amt aus Angst um sein Leben ins Ausland fliehen musste. Den Alltag erschwert Kenianern die verbreitete Kleinkorruption: Polizisten, Beamte, Lehrer – alle wollen *tea,* ein bisschen Extra, um ihre Arbeit zu erledigen. Selbst wenn man Sie offen fragt: Als Tourist sollten Sie niemals ein Bestechungsgeld zahlen, erst recht nicht anbieten. Stellen Sie sich im Zweifel dumm.

KWS

Besucher der Nationalparks werden ihnen unweigerlich begegnen, den grün-uniformierten, zumeist bewaffneten Männern – gelegentlich auch Frauen –, die am Parkeingang wachen oder im Gelände patrouillieren. Sie sind Angestellte des KWS (Kenia Wildlife Service), der Naturschutzbehörde Kenias, und zuständig für die Sicherung und Erhalt des Wildtierbestands sowie für die Infrastruktur und Verwaltung der Nationalparks. Eine vielfältige Aufgabe, die gelegentlich lebensgefährlich sein kann, wenn es darum geht, schwer bewaffnete Wildererbanden zu stellen, die es vor allem auf Elefantenstoßzähne und Nashörner abgesehen haben. Zu den Aufgaben gehört auch die Instandhaltung der Pisten, der Schutz der Parkbesucher und die Sensibilisierung der eigenen Bevölkerung dafür, dass die einmalige Flora und Fauna den Reichtum des Landes ausmacht. Nicht immer stoßen die Ranger dabei auf Verständnis: wenn z.B. die Massai in Dürrezeiten nicht einsehen, warum sie ihr Vieh nicht in die Nationalparks treiben dürfen, wenn Elefanten aus den Parks in den Feldern der Bauern einfallen, oder wenn Wilddiebe gestellt werden.

MAATHAI

Für Kenias ehemaligen Präsidenten Daniel arap Moi war sie lange Zeit nur „die Verrückte". Heute ist sie Kenias bekannteste Frau: Prof. Wangari Maathai. Die promovierte Biologin ist Gründerin des *Green Belt Movement*, einer Umwelt- und Sozialbewegung, die seit ihrer Gründung Millionen Bäume im ganzen Land gepflanzt hat und gegen den Diebstahl öffentlichen Landes kämpft. Die unbequeme Kritikerin des Regimes hatte sich hartnäckig und öffentlich gegen das von Männern beherrschte politische Establishment Kenias gestellt und war deshalb unter dem Regime Moi mehrfach inhaftiert und misshandelt worden. 2004 erhielt sie als erste afrikanische Frau den Friedensnobelpreis für „ihren Einsatz für eine nachhaltige Entwicklung der Natur, Meinungsfreiheit und Demokratie".

Ein Gepard hält im Masai-Mara-Nationalpark nach Beute Ausschau

MATATU

So heißen Sammeltaxis und Kleinbusse; der Name ist eine Anspielung auf den ursprünglich üblichen Fahrpreis: 30 Cents, *senti tatu* in Kisuaheli. Sie sind – in Ermangelung eines öffentlichen Nahverkehrssystems – für die Mehrzahl der Kenianer die einzige (und preiswerte) Möglichkeit, im Land zu reisen. Bemühungen, die oft klapprigen Gefährte sicherer zu machen, sind inzwischen gescheitert. Theoretisch sollte jeder Mitfahrer einen eigenen Platz mit Sicherheitsgurt haben, vor allem auf dem Land ist das aber selten der Fall.

TIERWELT

Büffel, von den Einheimischen *Nyati* genannt, zählen zu den gefährlichsten Tieren Ostafrikas. Ausgewachsene Exemplare werden bis zu 800 kg schwer; wenn sie angreifen, stockt selbst Berufsjägern der Atem. Elefanten, *Tembo*, sind besonders zahlreich im Amboseli und in der Masai Mara.

Gazellen gehören zur Gattung der Antilopen und sind in Kenia in großer Vielfalt zu finden. Am häufigsten: die kleine Thomson-Gazelle, *Swala tomi*, Schulterhöhe bis zu 70 cm, rötlich-sandfarben mit weißem Bauch und schwarzen Streifen an den Flanken. Die Giraffengazelle, *Gerenuk*, ist daran zu erkennen, dass sie sich beim Fressen an Akazienbäumen auf die Hinterläufe stellt. Für das Impala (Schwarzfersen-Antilope) sind die schwarzen Streifen auf den weißen hinteren Schenkeln typisch. In riesigen Herden anzutreffen, besonders zur Zeit der Wanderung, sind die Weißbartgnus, die in seltsamen Bocksprüngen über die Savanne galoppieren.Geparden sind die schnellsten Tiere der Savanne. Am besten sind sie in Amboseli und in der Masai Mara zu beobachten. Giraffen, *Twiga*, wird man überall finden, wo es Schirmakazien und Dornenbüsche gibt. Leoparden bekommt man nur mit viel Glück zu Gesicht. Sie jagen nachts im dichten Busch. In einigen Lodges werden Köder ausgehängt, um die Großkatzen anzulocken und sie den Besuchern im Scheinwerferlicht präsentieren zu können. Löwen, *Simba*, kann man vor allem in der Masai Mara nicht verfehlen. Das Breitmaulnashorn ist von Wilderern in Kenia so gut wie ausgerottet. Die verbliebenen Spitzmaulnashörner versucht man durch Umsiedlung in geschützte Regionen zu retten. Die Kolosse sind am besten im Nationalpark von Nakuru, im Amboseli und in der Masai Mara zu sehen. Zebras grasen fast immer im Familienverband in der Nähe von Giraffen und Antilopen.

VIELFALT DER KULTUREN

Dröhnende Trommeln, geblähte Segel, schnelle Kamele und abenteuerliche Geländefahrten

> Die Vielfalt der kenianischen Bevölkerungsgruppen spiegelt sich auch in der Vielzahl der Festlichkeiten in den einzelnen Regionen. Innerhalb der indischen Gemeinde – vor allem in Mombasa – gibt es farbenprächtige, mit großem Aufwand gefeierte Hochzeiten. Bei den Massai ist das traditionelle Beschneidungsritual für Jungen nach wie vor ein großes Ereignis. An der Küste bestimmen vor allem moslemische Feste den Ereigniskalender.

OFFIZIELLE FEIERTAGE

An diesen Tagen bleiben Banken, Behörden und Geschäfte geschlossen: **1. Jan.** *Neujahr;* **Karfreitag** und **Ostermontag; 1. Mai** *Tag der Arbeit;* **1. Juni** *Madaraka Day (Autonomietag)* **10. Okt.** *Moi Day;* **20. Okt.** *Kenyatta Day;* **12. Dez.** *Jamhuri Day;* **25./26. Dez.** *Weihnachten* Die muslimischen Feste *Idd al Fitr* (Ende der Fastenzeit Ramadan) und *Idd al Hadsch* (Opferfest), die sich nach dem Mondkalender richten und deshalb zu wechselnden Daten stattfinden, sind ebenfalls Feiertage.

RELIGIÖSE FEIERTAGE UND FESTE

Januar

Dhau-Regatta: Am Neujahrstag versammelt sich ganz Lamu am Strand von Shela, wo gegen Mittag die traditionelle Dhau-Regatta startet. Die Teams üben wochenlang für das Rennen, das meist mit dem Versenken der Sieger-Dhau endet. Insider Tipp

Februar

Kijani Festival: Klassische Musik, Oper und Ballett am Fuß des Mount Kenya oder mitten im Nationalpark. Das Programm ändert sich jedes Jahr, Details unter *www.kijanikenyatrust.org*

April

Maulidi al Nabi (Geburtstagsfest des Propheten): Lamu verwandelt sich für eine Woche in einen Hexenkessel. Trommeln dröhnen, die Bevölkerung feiert, singt, tanzt; mit Stocktänzen und Dhau-Wettsegeln. Bewegliches Fest (nach dem moslemischen Kalender). **2010: 27. Feb., 2011: 15. Feb., 2012: 4. Feb.** Insider Tipp

>EVENTS FESTE & MEHR

Juni/Juli

Rhino Charge: Am 1. Wochenende im Juni treffen sich abenteuerlustige Geländewagenfans zu einem zweitägigen „Rhinorennen". Es ist das Treffen der KCs, der „kenianischen Cowboys", der weißen Kenianer. Wer teilnimmt, spendet für die Rettung der bedrohten Nashörner. Wo die *Rhino Charge* stattfindet, wird bis kurz vor Beginn geheim gehalten. *Tel. 00254/20604246* | *www.rhinocharge.co.ke*

Safaricom Marathon: Der Lauf über staubige Lehmstraßen mitten im Schutzgebiet der Lewa-Conservancy im Norden Kenias gilt als eine der anstrengendsten weltweit. Jedes Jahr stellen sich mehr als 700 Athleten aus der ganzen Welt der Herausforderung. *www.lewa.org*

Insider Tipp *Tierwanderung*: Bis zu 2 Mio. Gnus begeben sich auf der Suche nach Wasser und Weideland auf die jährliche Wanderung. Bester Platz zur Beobachtung: am Mara-Fluss in der Masai Mara. Meist kommen die Herden im Juni/Juli in die Masai Mara und ziehen im Okt./Nov. zurück in die Serengeti (Tansania).

August

Kamelderby: Am 2. Wochenende ist Maralal im Norden Treffpunkt der Kamelfans. Das Wettrennen geht über 42 km. Dazu: Modenschau, Tänze, Viehauktion. *www.yaresafaris.co.ke*

November

Lamu Cultural Festival: Für ein Wochenende wird die Unesco-geschützte Altstadt von Lamu Town zur Open-Air-Bühne. Zum Programm gehören Tanzvorführungen, Lesungen und Kunstausstellungen. *www.lamuheritage.org*

East African Safari Classic Rallye: Einst eine bedeutende Rallye, heute noch ein riesiges Spektakel: In mindestens 30 Jahre alten Autos brettern die Piloten von Mombasa aus 5000 km durch die Wildnis. An der Strecke gibt's mehrere Tribünen. *www.eastafricansafarirally.com* Insider Tipp

Dezember

Jamhuri Day: Feiertag am 12. Dez. mit Umzügen und Ansprachen im Gedenken an den Tag der Unabhängigkeit 1963.

> TILAPIA UND SUKUMA WIKI

Saftige Steaks von bester Qualität und an der Küste köstliches Meeresgetier jeder Art, frisch aus dem Indischen Ozean

> Kenianer sind auf Gäste eingestellt, kein Reisender muss hier darben. Kenias Hotels und Restaurants bieten eine reiche Speisenauswahl.

Vor allem an der Küste in Mombasa, aber auch in der Metropole Nairobi macht sich traditionell der Einfluss unterschiedlicher Kulturen bemerkbar. Hier hat man die Wahl zwischen orientalisch-asiatischen, indischen, pakistanischen, chinesischen und europäischen Restaurants.

Auch Liebhaber gehobener französischer oder italienischer Gaumenfreuden müssen heute in der Metropole und an der Küste nicht mehr Verzicht üben. Weit verbreitet ist vor allem aber die indische Küche, wo immer in Kenia *Asians* anzutreffen sind – also vor allem in Nairobi, Kisumu, Mombasa. Europäern bietet die indische Speisekarte zumeist die Wahl zwischen *hot* und *medium*, zwischen scharf und weniger scharf

Bild: Restaurant in Diani Beach

ESSEN & TRINKEN

also. Für ungeübte Gaumen empfiehlt sich unbedingt *medium*. Gut und abwechslungsreich sind zumeist die Currybüfetts. Köstlich sind an der Küste vor allem Meerestiere jeder Art, frisch aus dem Indischen Ozean: kleine, aber sehr schmackhafte Kilifi-Austern *(oysters)*, prächtige Krebse *(crabs)*, Hummer *(lobster)* und Scampi *(prawns)*, außerdem gegrillter Thunfisch oder geräucherter Sailfish. Aus dem Turkana- und dem Victoria-See kommen Nilbarsche und Tilapia, aus den Flüssen und Bächen des Hochlands Forellen. Aber auch die Liebhaber saftiger Steaks kommen nicht zu kurz: Kenias Rindfleisch ist von erstklassiger Qualität.

Für die Gäste ist sowohl in den Hotels an der Küste als auch in den Lodges der Parks ausreichend gesorgt – in Letzteren zumeist weniger umfangreich, da alle Lebensmittel über Pisten aus der Stadt herangefahren werden müssen. Zum üblichen Angebot gehören Büfetts mit frischen Säften, Tropenfrüchten wie Ananas, Mango und Papaya, mit Cornflakes, Eierspeisen und Toast zum Frühstück. Mittags gibt es eine Auswahl an Salaten, kalten und warmen Speisen, Desserts. Das Abendessen besteht meist aus einem mehrgängigen Menü.

Das mit Abstand beliebteste Getränk der Kenianer ist Bier: *Tusker*

> SPEZIALITÄTEN

Genießen Sie die typisch kenianische Küche!

Irio – Das Nationalgericht der Kikuyu ist ein Eintopf aus Mais, roten Bohnen und Kartoffeln. Die Maiskörner werden mit den Bohnen weich gekocht. Dann kommen Kartoffeln und Spinat hinzu. Das Ganze wird gekocht, mit Salz und Pfeffer gewürzt und zu Brei gestampft.

Krebse – Vor allem an der Küste sind die handtellergroßen Schalentiere eine Delikatesse. Sie werden gern mit Ingwer gekocht und im eigenen Sud serviert.

Kokosgarnelen – Zusammen mit Garnelen in Öl goldbraun gebratene Streifen Kokosfleisch.

Matoke – In den westlichen Regionen ersetzen Kochbananen den Mais. Dort ist Matoke, ein Bananenbrei, das Hauptnahrungsmittel.

Meerfisch auf Suaheliart – Spezialität der Suaheliküche: Vor allem an der Küste werden Fischgerichte mit Kokosmilch, Ingwer und Limonensaft zubereitet. Ein großer Fisch wird in Portionen geteilt und mit Zwiebeln, Knoblauch und Butter angebraten, mit gehackten Tomaten angereichert und gedünstet, dann mit Kümmel und Safran gewürzt und mit Kokosmilch abgelöscht.

Nyama Choma – Kenias Nationalgericht heißt übersetzt „geröstetes Fleisch“. Für Touristen wird Rindfleisch geröstet, Kenianer bevorzugen Ziege *(mbusi)*, Hammel oder Hühnchen. Dazu wird Ugali (s.u.) genossen.

Samosas – Teigtaschen, die mit würzigem Hackfleisch oder Gemüse gefüllt sind und knusprig gebacken werden; als Vorspeise oder für den kleinen Hunger zwischendurch bestens geeignet.

Sukuma Wiki – Das Gericht schmeckt besser, als der Name vermuten lässt („Zieh die Woche hin“). Es wurde ursprünglich zubereitet, wenn das Haushaltsgeld zur Neige ging. Sukuma ist eine Art Mangold, der – je nach Möglichkeiten – mit Tomaten, Paprika und Fleischwürfeln serviert wird (Foto).

Ugali – Alltagsessen: ein geschmacksneutraler Brei aus (weißem) Maismehl, der in kochendes Wasser gerührt wird. Ugali dient meist als Beilage zu Fleischgerichten und Ragouts, wird aber auch mit Sukuma serviert.

und das etwas stärkere *Tusker Malt* sind die beliebtesten Marken, auch *Whitecap, Pilsner* und das billigere *Senator* sind überall im Land zu haben – in britischer Tradition warm. Wer ein kaltes Bier möchte, sollte auf Suaheli *baridi* hinzufügen. In Nairobi bekommt man außerdem das besonders wohlschmeckende *Sierra* (blond, rotblond oder dunkel), ein nach deutschem Reinheitsgebot gebrautes Bier. Wein erfreut sich zunehmender Beliebtheit und kommt im Regelfall aus Südafrika. Kenianischer Weißwein aus Naivasha und die Mara-Weine (rote und weiße Verschnitte aus südafrikanischer Ernte) sind trinkbar, mehr aber nicht.

Insider Tipp

Eine besondere Spezialität an der Küste sind die jungen, grünen Kokosnüsse, die im Gegensatz zu den in Europa erhältlichen braunen viel köstliches Fruchtwasser (Kokosmilch) enthalten. Nach dem Trinken schabt der Verkäufer das weiche Fruchtfleisch mit einem Stück der Kokosnuss so geschickt heraus, dass man es bequem essen kann. Der perfekte Snack! Für den großen Durst empfehlenswert sind frisch gepresste Säfte aus Mango- oder Passionsfrüchten, die in den meisten Hotels und Restaurants serviert werden. Abseits der üblichen Touristenpfade kann es vorkommen, dass man lokale Getränke angeboten bekommt. Durchaus genießbar, auch wenn nicht gerade von vertrauenerweckendem Aussehen, ist Palmwein. Er schmeckt so, wie der Met der Germanen wahrscheinlich einst geschmeckt hat. Nicht unbedingt empfehlenswert ist selbst gebrannter Schnaps, *Chang'aa*. Der Name sagt schon alles über Geschmack und Bekömmlichkeit: „Töte mich schnell". Bei Alkoholkonsum sollte man in einigen Küstenregionen besonders während des Fastenmonats

Insider Tipp

Es ist angerichtet: Fleisch vom Grill und andere Köstlichkeiten

Ramadan daran denken, dass die Bevölkerung überwiegend moslemisch und der Genuss von Alkohol streng Gläubigen untersagt ist. Von den Hotels abgesehen, sind die Restaurants während des Ramadan hier auch mittags geschlossen.

In der Regel kann man bedenkenlos essen, was angeboten wird. Allerdings sollte man außerhalb von Hotels und Restaurants vermeiden, grüne Salate zu essen und nicht abgekochtes Wasser zu trinken.

Kellner verdienen nicht viel. Ein Trinkgeld von zehn Prozent wird den Gast in bester Erinnerung halten.

KALEBASSEN, KIKOIS & CO

Kunstvoll und originell: Schnitzereien und Schmuck, Tücher und Gebrauchsgegenstände

> An Souvenirs kommen Sie in Kenia praktisch nicht vorbei: In keinem anderen afrikanischen Land werden so viele Andenken für Urlauber produziert wie in Kenia. Ob Praktisches oder Schönes, Traditionelles oder Modernes: Auf Kenias Märkten und in den Souvenirläden *(Mo bis Fr 10–18, Sa 10–14 Uhr)* ist für jeden etwas dabei.

Anders als in den Läden, müssen Sie auf Märkten und bei Straßenhändlern um den Preis feilschen. Das Startangebot des Händlers ist oft mehrfach höher als die Summe, auf die man sich zum Schluss einigen kann. Nennen Sie als Antwort einen viel zu niedrigen Preis, und langsam werden Sie sich aufeinanderzubewegen. Achtung: Wenn Sie einem Preis einmal zustimmen, ist der Handel abgeschlossen – nachverhandeln gilt nicht.

Verboten ist die Ausfuhr von tierischen Produkten; dazu gehören Korallen und große Schnecken oder Muscheln. Lassen Sie sich nicht zum Kauf überreden: Mit dem Sammeln dieser „Souvenirs" zerstören Händler gnadenlos die Natur.

GLAS

Schöner kann man leere Flaschen nicht recyceln: Gläser, Krüge, Windspiele etc. aus Glas, das in der Fabrik in Kitengela am Stadtrand von Nairobi aus eingeschmolzenen Glasabfällen hergestellt wurde. „Buschglas" nennt die deutsch-kenianische Künstlerin Nani Croze diese Produkte: Alles ist absichtlich ein bisschen krumm und schief, kein Produkt ist wie das andere. Verkauf im *Village Market (Gigiri)* und im *Rustique Café (General Mathenge Road | Westlands).*

Insider Tipp

KUNSTHANDWERK

Dekorativ sind ockerfarbene Kalebassen mit eingeschnitzten Motiven. Kunstvoll und bunt: Hals- und Armbänder aus Perlen im Massai-Design, oder mit Perlen geschmückte Ledergürtel. Strapazierfähig und praktisch: die *Kiondos*, aus Sisal geflochtene und mit Lederriemen versehene Einkaufskörbe. Preiswert und überall zu finden sind Schnitzereien aus Holz. Von Gebrauchsgegenständen wie Kämmen, Kopfstützen und Obstschalen

> EINKAUFEN

abgesehen, sind Motive der afrikanischen Tierwelt beliebt. Ähnliche Figuren gibt es auch aus Speckstein. Holzmasken sind meist Nachahmungen von Stücken aus dem Kongo. Kenianisch und sehr beliebt: die einen Meter hohen Giraffen aus Holz, die entgegen aller Beteuerungen jedoch nicht als Handgepäck zugelassen sind! Aus Draht geflochtenes Spielzeug (Autos, Flugzeuge) bekommen Sie auf der Straße oder in der *Banana Box* in Nairobi *(Sarit Centre | Westlands).*

MODE & SCHMUCK

Bunt bedruckte und bestickte, qualitativ hochwertige T-Shirts gibt es bei *ONEWAY* in Nairobi *(Sarit Centre, Village Market, Yaya-Centre).* Besonders beliebt: T-Shirts mit dem Logo der Biermarke *Tusker.* Außerdem im Angebot: Handtücher, Bademäntel, Rucksäcke und Kulturbeutel aus dem dick gewebten und bunt gestreiften, von der Küste stammenden Kikoy-Stoff. Luftige Sommermode gibt es in Nairobi bei *Kooroo (im Café Rustique | General Mathenge Drive | Westlands).*

Den passenden Schmuck designt die Deutsche Marie-Rose Iberl *(Maro Design | Tel. 0733/73 64 45).*

MUSIK

Kenias Musikszene boomt: Nicht nur lokaler Rap und Jazz, auch der lokale Bongo Flava und hörbarer Pop werden auf CD gepresst. Die größte Auswahl gibt es in den *Silverbird Mediastores* (in Nairobi im *Westgate, Westlands,* und in der *Junction, Ngong Road*). Zu den Stars gehört Eric Wainaina, der jeden Donnerstag in Nairobis *Club Afrique* auftritt.

TÜCHER

Nicht nur für Touristen hergestellt, sondern überwiegend für den Eigengebrauch sind *Kangas*, mit phantasievollen afrikanischen Motiven bunt bedruckte Baumwolltücher. Kenianerinnen verwenden sie z. B. als Kopftuch oder als Rock. Beliebt sind auch *Kikois*, einfarbige oder mit Streifen bedruckte Tücher, die von den Männern an der Küste als Hosenersatz um die Hüften geschlungen werden.

AUF DEN SPUREN DER BARONIN BLIXEN

Eine afrikanische Metropole mit moderner Skyline. Ihre Bewohner: Kenianer, Äthiopier, Somalis und Ugander, Inder und Europäer

KARTE IN DER HINTEREN UMSCHLAGKLAPPE

Die 3-Mio.-Metropole Nairobi [120 C1] ist das pulsierende Herz Kenias: In der erst 100 Jahre alten Stadt entstehen zwischen Kolonialbauten und Armenvierteln ständig neue Trends, legen DJs hippe Musik auf und präsentieren Künstler ihre neuesten Werke.

Rund 150 km vom Äquator entfernt, garantiert die Lage auf 1600 m Höhe ein angenehmes Klima. Nairobi ist eine Stadt der Gegensätze: Arm und reich liegen nirgends so nahe beieinander wie hier. Hier finden Sie Banken und Wechselstuben, diplomatische Vertretungen, Ärzte, Krankenhäuser, Apotheken, Buchläden, Internetcafés, Geschäfte, in denen es alles zu kaufen gibt, was auch in Europa im Angebot ist, sowie Restaurants, in denen die Küchen aller Kontinente vertreten sind: indisch, chinesisch, japanisch, italienisch, mexikanisch.

Bild: Skyline von Nairobi

NAIROBI

Nairobi – der Name ist abgeleitet von *Enkare Nyrobi* aus der Massai-Sprache und heißt „Ort des kalten Wassers“. Das Dreieck zwischen Uhuru Highway, Haile Selassie Avenue, Tom Mboya Street und University Way bildet das Zentrum der Stadt. Hier beherrschen Hochhäuser das Straßenbild, mit spiegelnden Glas- und Stahlfassaden, Bürogebäude, Ministerien, Geschäfte und Hotels der gehobenen Preisklasse.

Weiter nördlich schließen sich an: die Universität und gegenüber das Hotel, in dem vor kaum mehr als 100 Jahren die Geschichte Nairobis begann: das Norfolk mit der kolonialen *Lord-Delamere-Terrasse,* auf der man Insider Tipp bei einem Stadtrundgang unbedingt einen Tee einnehmen sollte. Weiter nordwestlich entlang des sechsspurigen Uhuru Highways, der eine gute Orientierungslinie ist, folgt das neu gebaute Nationalmuseum. Es schließt sich an: Westlands, das als neues Stadtzentrum gilt und viele Läden, Hotels und Restaurants beherbergt. Westlich der Innenstadt, gegenüber dem Uhurupark, liegt das Regierungsviertel Upper Hill. Mit Kilimani und Hurlingham folgen Wohnviertel der schwarzen Mittelklasse an. Hinter Nairobi Hill, dem ältesten Wohnviertel der Europäer, dehnen sich mit Lavington, Spring Valley und Upper Parklands Wohngegenden der Besserverdienenden aus.

Reger Verkehr auf der Moi Avenue im Zentrum der Hauptstadt

Nairobi ist eine kosmopolitische Stadt. Hier leben auch viele Afrikaner aus den Nachbarländern Äthiopien, Somalia und Uganda – Flüchtlinge zumeist –, eine große Zahl von *Asians* und eine weiße Minderheit. Dazu kommen Diplomaten, Entwicklungshelfer und Mitarbeiter der diversen UN-Organisationen, die in Nairobi ihren Sitz haben. Vornehme Villen auf parkgroßen Grundstücken mit Tropengärten, Pools, Ställen und Tennisplätzen, von Dienstpersonal umhegt, von Sicherheitsleuten bewacht: Das ist das Bild in den vornehmen Vierteln Karen, Muthaiga oder Gigiri, wo zunehmend auch reiche Kenianer wohnen. Am anderen Ende der sozialen Skala: die Elendsviertel Mathare und Kibera, Afrikas angeblich größter Slum, in dem alleine 800000 Menschen leben sollen. In der amtlichen Statistik kommen Slumbewohner allerdings nicht vor. Anderthalb Millionen Menschen, so vorsichtige Schätzungen, leben in den Slums, ohne Strom, ohne Wasser, ohne sanitäre Anlagen – und ohne Zukunft. Hohe Arbeitslosigkeit, Armut, eine Existenz am Rande der Gesellschaft – all das Ursachen für die hohe Kriminalitätsrate. Einbrüche, Überfälle, Vergewaltigungen, Autodiebstähle gehören in den Armenvierteln zum Alltag. Die Innenstadt, jahrelang mit einem besonders schlechten Ruf behaftet, gilt inzwischen auch am Abend wieder als relativ sicher. Straßenbeleuchtung und eine stärkere Polizeipräsenz haben dafür gesorgt, dass hier abends wieder Leben herrscht. Taxis sind nach Einbruch der Dunkelheit aber dennoch Pflicht!

Natürlich kann man sich auch in Nairobi bewegen, ohne Angst haben zu müssen, gleich überfallen zu werden. Vorausgesetzt, man beachtet ein paar Vorsichtsmaßnahmen: Die teure Uhr, der Schmuck und die prall gefüllte Brieftasche sollten im Hotelsafe bleiben. Einige Viertel sollten Sie meiden, wie die River Road, den Uhuru Park nach Einbruch der Dunkelheit und Mathare Valley und Kibera. Streifen Sie vor allem abends nicht ziellos umher, sondern überlegen Sie sich vorher, wohin Sie wollen. Wenn doch etwas schiefgeht: Geld lässt sich ersetzen – tun Sie widerstandslos, was die Täter von Ihnen verlangen!

SEHENSWERTES

ARBORETUM [O]

Für einen erholsamen – und sicheren – Spaziergang eignet sich dieser schattige Park mit einer Vielzahl von exotischen Bäumen, der an Wochenenden von Einheimischen gut besucht ist. *Tgl. bis Sonnenuntergang | Arboretum Drive | nahe dem State House*

AUGUST 7TH MEMORIAL PARK [U E5]

Wo heute ein Park ist, zündeten Anhänger von Osama bin Laden am 7. August 1998 eine Bombe, die die US-Botschaft in Trümmer legte. Mehr als 200 Kenianer, die meisten arglose Spaziergänger, starben. Ihre Namen stehen auf einer Gedenkmauer, ein Kunstwerk aus den Überresten der Botschaft und einer benachbarten Bank erinnert an die Wucht der Detonation. *Tgl. 7–18 Uhr | Ecke Moi Avenue/Haile Selassie Avenue*

Insider Tipp

MARCO POLO HIGHLIGHTS

★ RAMOMA-Kunstmuseum
Mix aus Museum und Galerie in einem bonbonfarbenen Palast, der selbst schon ein Kunstwerk ist (Seite 35)

★ Karen-Blixen-Museum
Auf den Spuren kolonialer Vergangenheit am Fuße der Ngong-Berge (Seite 42)

★ Carnivore
Der Name ist Programm: Hier wird Fleisch gegessen. Samstags gibt es Livemusik zum Straußensteak (Seite 36)

★ Nairobi National Park
Ungewöhnliches Szenario: Großwild vor der Skyline Nairobis beobachten (Seite 42)

AUSSICHT AUF DIE STADT [U D5]

Den besten Blick auf Nairobi, seine Umgebung und – an klaren Tagen – auf Mount Kenya und den Kilimandscharo bietet die 28. Etage des Kenyatta-Konferenzzentrums, ein Turm, der mit über 100 m Höhe zum Wahrzeichen der Metropole wurde. *Eintritt ca. 2 Euro*

EISENBAHNMUSEUM [U D6]

Wer sich für alte Dampfloks interessiert und für die Probleme, mit denen sich Anfang des 20. Jhs. die Erbauer der „verrückten Eisenbahnlinie" quer durch die Wildnis konfrontiert sahen, sollte dem *Railway Museum* beim Bahnhof einen Besuch abstatten. Zu den Exponaten gehört auch ein Waggon, aus dem sich 1900 ein „Maneater", ein Menschen fressender Löwe, einen Eisenbahninspektor herausholte und verspeiste. Schön die Sammlung alter Fotos, die Nairobi in den Gründerjahren zeigen. *Mo–Sa 8.30–16.30 Uhr | Eintritt ca. 2 Euro | Station Road*

KUONA TRUST [0] Insider Tipp

Auf dem großzügigen Areal nicht weit vom Präsidentenpalast *(State House)* haben Künstler ihre Ateliers. Besucher sind willkommen. In dem angeschlossenen Café gibt es wechselnde Ausstellungen, selbst auf dem Rasen sind normalerweise Skulpturen zu sehen. *Tgl. 10–18 Uhr | Likoni Close, off Dennis Pritt Road | Tel. 0721/26 23 26 | www.kuonatrust.org*

NATIONAL ARCHIVES [U D4]

In dem Gebäude gegenüber vom Hilton Hotel hatte ursprünglich die Bank of India ihr Domizil. Interessant neben Dokumenten über Geschichte und Politik Kenias ist eine Fotosammlung u.a. von Jomo Kenyatta und Daniel arap Moi. *Mo–Sa 8–7 Uhr | Eintritt frei | Moi Avenue*

NATIONAL MUSEUM [U A1]

Der 2009 eröffnete, prächtige Neubau zeigt die wertvollen naturkundlichen, ethnografischen und prähistorischen Sammlungen in neuem Licht. In einer

> BLOGS & PODCASTS

Gute Tagebücher und Files im Internet

- > *www.kenyabuzz.com* – umfassender Eventkalender für Nairobi und den Rest Kenias mit Adressenverzeichnis und Tagestipps.
- > *www.eatout.co.ke* – Kenyabuzz-Ableger mit Restaurantkritiken und einer Liste Hunderter Restaurants.
- > *www.oneplanetmedia.de* – Blog des Autors mit Reportagen und Berichten aus Kenia und ganz Afrika.
- > *www.kwani.org* – Blog von Kenias bekanntesten Schriftstellern und Wortakrobaten; hier werden auch Lesungen bekanntgegeben.
- > *twitter.com/ntvkenya* – Umfassende Tweets zur aktuellen Nachrichtenlage.
- > *http://rss.dw-world.de/xml/podcast_fokus-afrika* – täglicher Podcast mit deutschen Afrika-Nachrichten.

separaten Ausstellungshalle sind zudem wechselnde Kunstausstellungen zu sehen. Generalüberholt wurde auch der dem Museumseingang gegenüberliegende *Snake Park,* in dem Sie Mambas, Puffottern und Pythons bewundern können. *Tgl. 8.30–17.30 Uhr | Eintritt ca. 8 Euro | Museum Hill | www.museum.or.ke*

PARLAMENT **[U C6]**
Mit seinem viereckigen Uhrturm unverkennbar, liegt das Parlamentsgebäude an Parliament Road und Harambee Avenue; auf dem Vorplatz die Statue Jomo Kenyattas. Das Mausoleum, in dem der erste Präsident Kenias ruht, befindet sich nur wenige Schritte entfernt. Parlamentssitzungen können mit Genehmigung *(Tel. 020/284 80 00, 222 12 91)* von einer Besuchertribüne verfolgt werden.

RAMOMA-KUNSTMUSEUM ★ **[0]**
Schon das Haus ist ein Kunstwerk: In dem mit Säulen bestandenen, in Bonbonfarben bemalten Museum finden meist bis zu drei Wechselausstellungen gleichzeitig statt. Die meisten Bilder und die im Garten aufgestellten Skulpturen sind verkäuflich, allerdings zu hohen Preisen. Kunsthandwerk gibt es im Museumsshop. *Tgl. 9–17 Uhr | Eintritt frei | 2nd Parklands Avenue | Parklands*

ESSEN & TRINKEN

Insider Tipp
AMAICA **[0]**
Eines der wenigen Restaurants mit kenianischer Küche. Besitzerin Pamela Muyeshi stammt aus dem Westen des Landes, der Region rund um den Victoria-See. Entsprechend gibt es hier viel Fisch, z.B. Ikerebe, das ist

Elefantenskelett im National Museum

geräucherter Tilapia mit einer Sauce aus Tomaten, Zwiebeln, Knoblauch, Koriander. *China Centre Building | Ngong Road | Tel. 020/476 52 88 | €*

Das Carnivore ist berühmt für seine üppigen Fleischgerichte

CAFÉ DES ARTS [O]
Gartencafé im UN- und Botschaftsviertel: Die Besitzer aus den Niederlanden und Simbabwe haben Haus und Garten zu einer angenehmen Oase umgestaltet. Auf der Karte steht viel Gegrilltes, das stets frisch zubereitet auf den Teller kommt. *UN Avenue | Gigiri | Tel. 020/712 30 00 | €€*

CARNIVORE ★ ▶▶ [O]
Spezialität: Fleisch, so viel man will, zum Fixpreis. Hammel vom Spieß, Rind, Ziege, Straußensteaks oder Krokodil-Nuggets. Beliebter Treffpunkt am Abend für ein buntes Publikum unter freiem Himmel. Sa Liveband, Mi Disko im Simba Saloon. *20 Min. mit dem Taxi vom Zentrum | Langata Road | hinter dem Wilson Airport | Tel. 020/60 27 86 | €€*

FURUSATO [O] Insider Tip
An den Tepanyaki-Tischen bei Nairobis bestem Japaner bereitet der Koch auf der heißen Tischplatte vor Ihren Augen Fisch, Krabben, Straußenfilet und andere Köstlichkeiten zu. Wer Sushi mag, kann sich getrost aus der großen Auswahl bedienen: Was am Abend zubereitet wird, ist meist noch am selben Tag aus dem Meer gezogen worden. Am Wochenende reservieren! *Ring Road Parklands | Westlands | Tel. 020/444 25 08 | €€*

JAVA COFFEE HOUSE
Kaffeespezialitäten aus selbstgeröstetem Kaffee und Burger, Steaks und Fish'n'Chips stehen im Mittelpunkt der kenianischen Kette. *ABC Place | Westlands; Adams Arcade | Ngong Road; Mama Ngina Street; Limuru Road | Gigiri; Sarit Centre | Westlands* | €

OPEN HOUSE [0]
Von außen unscheinbar, ist das *Open House* eines der indischen Restaurants, das auch von Kenias kritischer indischstämmiger Bevölkerung besucht wird. Nordindische Küche mit Tandoorigerichten aus dem Lehmofen gibt es hier ebenso wie die scharfe Küche Südindiens mit Biryanis und Currys. *Centro House | Westlands | Tel. 020/444 59 02* | €€

Insider Tipp **OSTERIA DEL CHIANTI** [0]
Sympathisches italienisches Restaurant. Große Auswahl an guten Pizzen, Fleisch- und Fischgerichten. Mittags Treffpunkt internationaler Geschäftsleute; schattige Gartenanlage. Abends kann man nach dem Essen in die benachbarte Cocktailbar ▶▶ *Casablanca* wechseln. Die Osteria hat auch Zweigstellen in Westlands, im Village Market (Gigiri) und in Karen. *Lenana Road | Tel. 020/272 31 73* | €€

Insider Tipp **PANGO** [0]
Eines der besten Restaurants der Stadt. Hier wird aufs kleinste Detail geachtet: Die von der französischen Küche beeinflussten Gerichte sind innovativ und aus besten saisonalen Zutaten zubereitet. *Im Fairview Hotel | Bishops Road | Upper Hill | Tel. 020/ 271 13 21* | €€€

LE RUSTIQUE [0] Insider Tipp
Der weite, gemütliche Garten steht im Mittelpunkt des Cafés, das von früh morgens bis zum Sonnenuntergang geöffnet hat. Einmal die Woche (Mi) lädt das *Rustique* zum Candlelight-Dinner mit Lagerfeuer – dazu unbedingt vorher anmelden. Die Karte, auf der viele mediterran angehauchte Gerichte stehen, wechselt wöchentlich. An den Wänden hängen Bilder kenianischer Künstler. *Mo geschl. | General Mathenge Road | Westlands | Tel. 020/375 30 81* | €€

>LOW BUDGET

> *Upper Hill Campsite and Backpackers* ist *der* Treffpunkt für Backpacker und Overlander, aber auch für andere preisbewusste Reisende. Auf dem Gelände rund um ein altes Kolonialhäuschen kann man für nur 3 Euro campen; EZ ab 15 Euro. *Othaya Road | Lavington | Tel. 020/675 02 02 | www.upperhillcampsite.com*

> *Milimani Backpackers* ist eine Mischung aus Jugendherberge und Zeltplatz mit Übernachtung im Mehrbettzimmer ab 5 Euro. Abends tauschen Rucksackreisende am Lagerfeuer Tipps aus. *Milimani Road | Milimani | Tel. 020/272 48 27 | www.milimanibackpackers.com*

> Wer Taxi fährt, zahlt viel Geld. Tagsüber spricht aber nichts dagegen, mit den Matatu-Minibussen durch die Stadt zu fahren – vorausgesetzt, man weiß, wohin man fährt. Die Stadtkarte *The Nairobi Public Service Vehicle Map* mit allen Matatu-Linien gibt es in gutsortierten Buchläden für 5 Euro zu kaufen.

RUSTY NAIL [0]

Außerhalb des Stadtzentrums, im vornehmen Wohnviertel Karen gelegen, angenehmes Ambiente. Auf der Terrasse, mit Blick in einen prächtigen tropischen Garten, wird überwiegend europäische Küche serviert. *Dagoretti Road | Karen | Tel. 020/88 24 61 |* €€

Insider Tipp

ZEN GARDEN [0]

Thai-Küche in authentischer Umgebung: Garten und Häuser sind gestaltet wie eine Tempelanlage. Neben einem Teehaus *(10–18 Uhr)* werden im *Bamboo-Restaurant* neben Thai-Currys auch Sushi und chinesische Wantan zubereitet. *Mo geschl. | Lower Kabete Rd. | Westlands | Tel. 020/ 803 44 45, 0714/74 42 31 |* €€

EINKAUFEN

Insider Tipp

CITY MARKET [U C4]

Lebhaft geht's auf dem City Market zu, zwischen Muindi Mbingu und Koinange Street. Morgens vor allem, wenn frischer Fisch und allerelei Meeresgetier angeliefert werden, Obsthändler ihr Angebot an exotischen Früchten ausbreiten, Kikuyu-Frauen und Inderinnen um jeden Shilling feilschen. An die Hallen schließt sich ein offener Markt an, auf dem es ein buntes Angebot an geflochtenen Körben, Holz- und Specksteinschnitzereien und schönem Perlenschmuck gibt.

HOUSE OF TREASURES [0]

Insider Tipp

Eine „Schatztruhe" für Reiseandenken im vornehmen Wohnviertel Karen. Afrikanisches nicht nur aus Kenia: Schmuck, Mode, Accessoires. *Dagoretti Road 70 | Karen*

MASSAI MARKET [0]

Auf bunten Teppichen ausgelegt, verkaufen die Massaihändler Souvenirs: Schnitzereien, Schmuck, Tücher etc.

Händlerinnen bieten auf dem City Market in Nairobi ihre Waren feil

Achtung: Hier muss man handeln! *Di im Westgate (Westlands), Fr im Village Market (Gigiri)*

SANDSTORM Insider Tipp [O]
Wer in einem kenianischen Buschcamp übernachtet, schläft vermutlich in einem Zelt Marke Sandstorm: Die kenianische Manufaktur hat sich auf Produkte aus Segeltuch spezialisiert, u. a. auf Reise- und Handtaschen. Seit einigen Jahren ist eine edle Linie von Taschen, Portemonnaies und Gürteln aus Rind- und Kamelleder dazugekommen. Die Verarbeitung ist erstklassig; die Preise sind an europäischen Maßstäben gemessen niedrig. *Village Market | Gigiri*

SHOPPING MALLS
In den modernen Einkaufszentren, in denen die kenianische Mittelschicht ihr Geld ausgibt, gibt es neben Kenias Supermarktketten *Uchumi* und *Nakumatt* auch Kinos und Läden aller Art: *Junction (Ngong Road), Yaya Centre (Argwinghs Kodhek Road), Sarit Centre (Westlands), Westgate (West-Westlands), Village Market (Gigiri)*

SPINNERS WEB [O]
Hier gibt es Kunsthandwerk von Werkstätten und Kooperativen aus dem ganzen Land zu Festpreisen, liebevoll ausgestellt in einem großzügigen Herrenhaus. Auch gut, um ein Gefühl für die Preise auf den Märkten zu entwickeln. *Getathuru Gardens, off Peponi Road | Westlands*

TEXT BOOK CENTRE [O]
Gute Auswahl an Landkarten, afrikanischen Büchern und Reiseführern. *Sarit Centre | Westlands*

ÜBERNACHTEN

COUNTRY LODGE [O] Insider Tipp
Günstiger Ableger des Fairview-Hotels, gut gelegen und im Preis-Leistungs-Verhältnis konkurrenzlos. *60 Zi. | 2nd Ngong Road | Upper Hill | Tel. 020/288 16 00 | www.countrylodge.co.ke* | €

FAIRVIEW HOTEL [O]
Das Haus im Kolonialstil ist eingebettet in eine prächtige Gartenanlage. *96 Zi. | Bishops Road | Upper Hill | Tel. 020/271 13 21 | Fax 272 13 20 | www.fairviewkenya.com* | €€

HOLIDAY INN NAIROBI MAYFAIR COURT [O]
Nahe beim Zentrum Westlands, angenehmes Hotel im Kolonialstil, mit Pools, Fitnesscenter, Restaurant. *171 Zi. | Parklands Road | Parkland | Tel. 020/374 09 20 | Fax 374 88 23 | www.holidayinn.com/nairobi* | €€

LENANA MOUNT HOTEL [O]
Simples Hotel mit sauberen Zimmern, nahe der Innenstadt. *50 Zi. | Ralph Bunche Road | Milimani | Tel. 020/271 70 44, 0723/97 01 65 | www.lenanamounthotel.com* | €

NORFOLK HOTEL [U B2]
Churchill übernachtete hier, ebenso Roosevelt und Hemingway. 1904 eröffnet, hat das Norfolk seinen kolonialen Charme bewahrt. Eines der schönsten Hotels Nairobis. *140 Zi. | Harry Thuku Rd. | Tel. 020/221 69 40 | www.fairmont.com/norfolkhotel* | €€€

OLE SERENI HOTEL [O]
Neues Großhotel unter indischer Leitung, günstig zwischen Innenstadt

und Flughafen gelegen. Von der Dachterrasse aus schaut man in den Nairobi Nationalpark. *134 Zi. | off Mombasa Road | Tel. 020/390 10 00 | www.ole-serenihotel.com* | €€

TRIBE **[O]**
Nairobis neuestes Businesshotel mit WLAN, Konferenzräumen und plüschigen, luxuriös ausgestatteten Zimmern. Der wahre Hit ist aber die Lage gleich neben dem Village Market, einem der größten Einkaufszentren der Stadt. *142 Zi. | Village Market | Gigiri | Tel. 020/72 00 00 00 | www.africanpridehotels.com/tribe* | €€€

SAFARI PARK HOTEL **[O]**
Eine Hotelanlage außerhalb des Stadtzentrums (ca. 10 km), die keine Wünsche offen lässt: tropische Parkanlage, Pool, Tennisplätze, Fitnessclub, Disko, Casino und mehrere Restaurants. Geschmackvoll eingerichtete, geräumige Zimmer mit Balkon. *204 Zi. | Thika Road | Nairobi | Tel. 020/363 30 00 | Fax 363 39 19 | www.safaripark-hotel.com* | €€€

Insider Tipp
WINDSOR GOLF AND COUNTRY CLUB **[O]**
Für Golfer und Romantiker: viktorianische Luxusanlage am Stadtrand. *130 Zi. | Windsor Hotels International Ltd. | Garden Estate | Kigwa Road | Tel. 020/856 23 00 | www.windsorgolfresort.com/home/index.asp* | €€€

FREIZEIT & SPORT

GOLF **[O]**
Karen Country Club: *Karen Road | Karen | Tel. 020/88 40 89 | www.karencountryclub.org;* Muthaiga Golf Club: *Kiambu Road | Muthaiga | Tel. 020/236 84 40*

PFERDERENNEN **[O]**
Insider Tipp
Beim Jockeyclub of Kenya scheint die Zeit stehengeblieben zu sein: So wie die Herrschaften hier am Sonntagnachmittag Rennen begutachten und Wetten abgeben, haben sie es wohl schon zu den Zeiten von Karen Blixen gemacht. *Meist jeden 2. So | keine Rennen im Aug./Sept. | Ngong Road | Eintritt ca. 0,75 Euro | Tel. 020/387 39 94 | www.jockeycluboffkenya.com*

WELLNESS **[xx]**
Nichts tut so gut gegen Großstadtstress wie ein Besuch im Spa: Von der Kopfmassage bis zum ganztägigen Wohlfühlprogramm ist alles drin. Die Preise sind deutlich niedriger als in Europa (Ganzkörpermassage ca. 30 Euro). *Wild Earth Spa | Mo–Sa 9–18 Uhr | Peoponi Road | Westlands | Tel. 020/300 72 64, 0722/77 55 05*

AM ABEND

CASABLANCA ▶▶ **[O]**
In dem einer marokkanischen Kasbah nachempfundenen Club genießt man auf Diwans oder einem Stapel gemütlicher Kissen sitzend Cocktails zu leiser Loungemusik – oder alternativ am aufgeschütteten Sandstrand rund ums Lagerfeuer. Wer's mag, kann hier auch eine Shisha bestellen. Die arabischen Wasserpfeifen sind in Nairobi der letzte Schrei. *Off Lenana Road | Kilimani | Tel. 020/272 31 73*
Insider Tipp

CLUB AFRIQUE ▶▶ **[U A1]**
Die riesige, mit rotem Plüsch ausgelegte Halle, in der wie im Varieté Tische verteilt stehen, hat sich seit Jahrzehnten nicht verändert: Genau das macht ihren Charme aus. Don-

Stilbewusst: junge Frau in Nairobi

nerstags ist es besonders voll, dann tritt Kenias Popsuperstar Eric Wainaina mit seiner Band auf. *Museum Hill | Westlands | Tel. 020/221 72 69*

Insider Tipp

GIPSY'S BAR ▶▶ [O]

Das Richtige für Nachtschwärmer. Hier ist nach Mitternacht immer noch was los. *Waiyaki Way | gegenüber der Barclays Bank | Westlands*

KINOS

– *Fox Cineplex | Sarit Center | 2. Etage | Westlands*
– *20th Century Fox | Mama Ngina Street | Stadtzentrum*
– *Silverbird-Kinos | Junction, Ngong Road | Prestige Plaza, Ngong Road | Village Market, Gigiri | Westgate, Westlands*

KLUB HOUSE 1 [O]

Afrikanische Musik (DJs und live), lockeres Dekor und eine immer gut gelaunte Gästeschar machen das K1 zu einem der Orte, wo man gelassen die Nacht durchtanzen kann. *Ojijo Road | Parklands | Tel. 020/374 98 70*

THE MERCURY LOUNGE ▶▶ [O] Insider Tipp

In-Treff der Erfolgreichen und Schönen und derer, die sich dafür halten. Cocktail- und Tapasbar mit phantasievoller Getränkeauswahl. Sa ab 21 Uhr Live-Jazz. *ABC Place | off Waiyaki Way | Westlands | Tel. 020/44 41 8 97*

TAMAMBO TAPAS BAR [O] Insider Tipp

Versteckt in einem Winkel der Village-Market-Mall verbirgt sich *der* Treffpunkt für Jazz- und Funk-Liebhaber. Fr/Sa gibt es Live-Acts. *Village Market | Gigiri | Tel. 020/712 40 05*

AUSKUNFT

Was wann wo los ist, erfährt man aus den Tageszeitungen und der wöchentlichen Gratiszeitung *Kenya BUZZ (www.kenyabuzz.com),* die in Cafés und Einkaufszentren ausliegt.

FREMDENVERKEHRSBÜRO
Utalii House | Uhuru Highway | Tel. 020/31 30 10

TAXI

Verlässliche Ruftaxis sind *Jimcab (Tel. 020/712 03 44), Jatco (Tel. 020/ 444 81 62)* und die Hybridmotor-Taxis von *ecoCabs (Tel. 0734/23 66 98).* Insider Tipp Patrick Wachira *(Tel. 0733/79 63 37)* ist ein zuverlässiger Taxifahrer, der Flughafentransfers und auch Überlandfahrten (im PKW oder Safaribus) organisiert.

ZIELE IN DER UMGEBUNG

Insider Tipp **AFRICAN HERITAGE HOUSE** [120 C1]
Hier kommt purer Luxus im Gewand ungewöhnlicher afrikanischer Lehmarchitektur daher. Hausherr ist der Architekt, Kunstsammler und Afrika-Reisende Alan Donovan. Das phantastische Anwesen mit Blick auf den Nairobi National Park ist mit erlesener afrikanischer Kunst ausstaffiert. Man kann das beeindruckende Haus besichtigen, am Pool zu Mittag essen, einen Sundowner auf der Dachterrasse genießen oder auch hier übernachten. *Besuch nach Voranmeldung | Tel. 0721/51 83 89 | ahalan@africaonline.co.ke | €€€*

ATHI RIVER – FOURTEEN FALLS [117 E6]
Die wildromantische Landschaft am Athi-Fluss fasziniert mit 14 hintereinanderliegenden Wasserfällen. Die Fahrt geht zunächst bis Thika (40 km), dann weiter in Richtung Garissa, nach 12 km geht rechts eine Piste ab, die zum Athi River führt (9 km). Flussabwärts liegen die Wasserfälle.

BOMAS OF KENYA [120 C1]
Freilichtmuseum auf weitläufigem Gelände, auf dem die Hütten der verschiedenen Völker Kenias nachgebaut sind und mit ihren Bewohnern besichtigt werden können. Einer der wenigen Plätze, wo man Massai in vollem Kriegerschmuck und ihre traditionellen Behausungen aus Lehm und Dung ungehindert fotografieren kann (Tanzvorführung tgl. 14.30 Uhr). *Ca. 15 km vom Stadtzentrum | Ngong Road | Eintritt ca. 9 Euro*

KAREN-BLIXEN-MUSEUM ★ [120 C1]
Hollywood hat sie mit der opulenten Verfilmung ihres autobigrafischen Buches „Out of Africa" berühmt gemacht, die dänische Baronin Karen Blixen. Ihr Farmhaus am Fuße der Ngong-Berge ist zum Wallfahrtsort geworden *(im Vorort Karen | 16 km vom Stadtzentrum | tgl. 9.30–18 Uhr | Eintritt ca. 3 Euro).*

NAIROBI NATIONAL PARK ★ [120–121 C–D1]
7 km vom Zentrum entfernt liegt auf 117 km² einer der kleinsten Nationalparks Kenias. Man kann im Mietwagen fahren, ein Taxi nehmen oder sich einer Rundfahrt anschließen (wird in fast allen größeren Hotels angeboten). Gleich hinter der Parkeinfahrt bietet sich schon ein grandioser Blick auf weites Grasland. Vor der Skyline von Nairobi grasen Büffel, Gnus, Zebras, Giraffen und Antilopen, sitzen Paviane und Meerkatzen. Wenn man Glück hat, kreuzt ein Nashorn den Weg. Nur Elefanten gibt's hier nicht. Am *Hippo Pool* kann man das Auto stehen lassen, zu Fuß durch ein Schirmakazien-

Wäldchen am Flussufer spazieren und nach Krokodilen und Flusspferden Ausschau halten. Beste Zeit: der frühe Morgen oder der späte Nachmittag. *Tgl. 6.30–19 Uhr | Parkeintritt 30 Euro*

NGONG-BERGE [120 C1–2]

„Die Luft hier oben ist wie Champagner, die Landschaft atmet Größe." So schwärmte einst die Baronin Karen Blixen, die am Fuße der Ngong-Berge ihre Kaffeefarm hatte. Die Fahrt, 20 km von Nairobi, lohnt: Von den Ngongs bietet sich ein atemberaubender Blick auf die Landschaft des Rift Valley, des Ostafrikanischen Grabenbruchs. Bei klarer Sicht ist der Gipfel des 300 km entfernten Kilimandscharo zu erkennen. Bei einer Wanderung über den Berggrat empfiehlt es sich, an der Eingangsbarriere (geringes Eintrittsgeld) einen bewaffneten Polizisten mitzunehmen. Es hat mehrfach Überfälle gegeben.

TOGI-FARM [116 C6] Insider Tipp

Kenia ist die größte Teeexportnation der Welt. Wer sehen will, wie der Tee gehegt, geerntet und verarbeitet wird, kann das auf der Togi-Farm der Familie Shaw, die hier seit 100 Jahren Tee kultiviert. Auf einen ausführlichen Rundgang folgt ein Mittagessen. *Togi-Farm | Limuru (45 Min. von Nairobi) | Tel. 020/300 29 31 oder 0733/75 05 39*

Wildromantische Szenerie: Wasserfälle des Athi River bei Thika

> URLAUBSPARADIES AM INDISCHEN OZEAN

Einsame Buchten, weiße Sandstrände, Palmen, Inseln und türkisfarbenes Meerwasser

> Über 400 km – vom Archipel Lamu im Norden bis nach Vanga an der Grenze zu Tansania im Süden – bildet der Indische Ozean die Ostgrenze Kenias. Mangrovensümpfe und einsame Buchten, Korallenfelsen, feinsandiger Strand – das macht die charakteristische Landschaft der Nordküste von Lamu bis Mombasa aus.
An der Südküste, von Mombasa bis nach Vanga, bestimmen überwiegend weite weiße Sandstrände, gesäumt von Palmenhainen, das Bild. Der Küste fast auf der ganzen Länge vorgelagert ist ein Korallenriff: eine natürliche Barriere, an der sich die Wellen des Ozeans brechen und die die Haie fernhält. Üppiger tropischer Urwald bedeckte früher das Hinterland. Heute ist nur noch knapp ein Zehntel erhalten, der Rest wurde abgeholzt, um Kokos- und Sisalplantagen Platz zu machen – und Hotelanlagen. Nur zehn bis fünfzehn Minuten dauert die Überfahrt mit der Fähre

Bild: Küstenabschnitt am Diani Beach

DIE KÜSTE

von Mombasa über die Kilindini-Bay, die „Bucht des tiefen Wassers“, hinüber zum Festland, zur Südküste. Dieses Urlaubsparadies ist auf einer Länge von 70 km touristisch erschlossen.

Charakteristisch für das Landschaftsbild sind die Baobab-, die Affenbrotbäume. Die Legende will, dass sie der Teufel einst im Zorn gepflanzt hat, verkehrt herum, mit den Wurzeln nach oben. So sehen sie tatsächlich aus, knorrige Riesen, Hunderte von Jahren alt, die flaschenkürbisgleichen Stämme 15 und mehr Meter dick. In den Zweigen turnen weißbärtige Colobus-Affen, lärmen Nashornvögel. Den Einheimischen sind die Bäume heilig. In den Baobabs und in ihrer Umgebung, so glauben sie, halten sich die Geister Verstorbener auf.

Ostafrikas Küste ist eine geschichtsträchtige Region. Lange be-

Eine selbst gebaute Dhau zu segeln will gelernt sein

vor das Innere des „dunklen Kontinents“ entdeckt und erforscht wurde, herrschte hier bereits reger Reiseverkehr. Araber, Türken, Inder, Chinesen, alle seefahrenden Nationen des Orients kamen und gingen. Die Portugiesen setzten sich ein Jahrhundert lang fest, bis die Omani sie vertrieben. 1888 „überzeugte“ die Kolonialmacht Großbritannien den Sultan von Sansibar, das Gebiet der britischen Krone zu überlassen. Die Vergangenheit ist nicht ohne Einfluss geblieben. Arabien und Asien haben Sprache, Kultur und Religion an der Küste geprägt.

Heute sind es die Feriengäste, die für Veränderung sorgen. Weite Teile der Küste sind touristisch erschlossen, vor allem die Region um Mombasa und Malindi sowie der Küstenstreifen zwischen Mombasa und Diani Beach. Das Hotelangebot reicht vom Fünf-Sterne-Luxus bis zum Zelt unter Palmen direkt am Strand. Die Hotels sind der Landschaft angepasst, eingebettet zumeist in tropische Gartenanlagen, mit alten Baobab-Bäumen, Palmen und Bougainvilleen. Der Baustil ist nicht selten afrikanischen Vorbildern entlehnt, Rundhütten mit luftigen Makuti-Dächern (mit Bananen- und Palmenblättern gedeckt). Der Komfort ist aber europäisch – Pool, Dusche, Bad, Klimaanlage sind selbstverständlich. Wer nicht nur faulenzen möchte, für den gibt es viele Möglichkeiten: eine Fahrt mit der Dhau zum Korallenriff, ein Besuch der Unterwasserparks, Schnorcheln, Tauchen, Hochseeangeln, Tennis, Golf, Abstecher ins Hinterland (in die Dörfer der Giriama) oder zu den Inseln im Lamu-Archipel – oder auch ein festliches Hummeressen unterm Sternenhimmel. Ausflüge und Sportmöglichkeiten werden in allen Hotels angeboten. Außerdem stehen Mietwagen zur Verfügung. Voll wird es an der Küste zumeist von Dezember bis Januar und noch einmal im Juli und August. Dann sollte man unbedingt eine feste Reservierung haben.

DIE KÜSTE

Viele der in Kenia lebenden Europäer haben ihre Urlaubsdomizile an der Nordküste gebaut, vor allem in der Gegend von Nyali, und schwören, dass es nichts Schöneres gäbe. Die Anhänger weiter Sandstrände dagegen bevorzugen die Südküste. Ohne Zweifel sind die Strände im Norden auf kleinere Buchten und Abschnitte begrenzt, und in der Regenzeit färbt sich vor allem bei Malindi das sonst klare Wasser des Indischen Ozeans rotbraun, von den Schlammmassen, die der Sabaki River dann ins Meer spült. Die Nordküste ist auf weiten Strecken ursprünglicher als die Südküste. Eine gut ausgebaute Straße führt parallel zur Küste von Mombasa nach Malindi. Auf der fruchtbaren Ebene dehnen sich Ananas-, Kokos- und Sisalplantagen, überragt von mächtigen Baobabs. Nördlich von Malindi wird es einsamer, hier endet die touristische Erschließung, eine Piste führt am Sumpfdelta des Tana-Flusses vorbei weiter Richtung Norden, über Garsen bis nach Mokowe. Von dort gibt es eine Fährverbindung nach Lamu. Von Malindi bis Lamu sind es 225 km, eine Strecke, die man nur in der Trockenzeit fahren sollte.

BAMBURI BEACH

[129 E4] **Nördlich von Mombasa erstrecken sich auf einer Länge von 40 km die Strände der Nordküste. Ferienanlagen bestimmen das Bild.** Unmittelbar an Mombasa schließt sich Nyali-Beach an, ein beliebtes Wochenendziel der Städter. Es folgt Bamburi Beach, ein

MARCO POLO HIGHLIGHTS

★ **Diani Beach**
Der schönste Strand Kenias (Seite 50)

★ **Lamu**
Das vergessene Paradies – eine kleine Insel, auf der die Zeit stehen geblieben scheint (Seite 54)

★ **Dhau-Fahrt**
Im traditionellen Segelboot rund um die Insel Lamu (Seite 57)

★ **Gedi National Monument**
Ruinen einer geheimnisumwitterten Siedlung aus dem 13. Jh. (Seite 59)

★ **Watamu**
Dorado für Sportfischer – Jagd auf Haie (Seite 60)

★ **Tamarind**
Das beste Seafood-Restaurant von Mombasa (Seite 63)

reizvoller Strand, 13 km von Mombasa. Einen Kilometer landeinwärts erhebt sich die größte Zementfabrik Kenias. Der schönste Küstenabschnitt beginnt 20 km nördlich von Mombasa mit Shanzu Beach, ein weiter Sandstrand, der sich, von Felsen unterbrochen, bis zur tief eingeschnittenen Bucht des Mtwapa Creeks erstreckt. Daran schließt sich Kikambala an.

SEHENSWERTES

BAOBAB ADVENTURE [123 E4]

Einst als Steinbruch für die Zementfabrik in Bamburi genutzt, hat sich das Gelände dank des Schweizer Agronomen René Haller jetzt in ein kleines Naturparadies gewandelt. Die *Bamburi Forest Trails* laden zum Wandern und Radfahren durch die abwechslungsreiche Landschaft ein. Die Hauptattraktion ist der *Haller Park,* in dem zahlreiche Wildtiere in den schattigen Wäldern und auf den grünen Wiesen unterwegs sind. Umstrittene Stars des Parks sind Owen und Mzee: Owen, ein 2004 aus den Tsunamifluten gerettetes Flusspferd, wurde kurz nach seiner Ankunft im Haller Park von einer Ersatzmama unter die Fittiche genommen: der Riesenschildkröte Mzee. Die ungewöhnliche Freundschaft hält bis heute. *In der Nähe der Severin Sea Lodge | tgl. 8–17 Uhr | Eintritt ca. 5 Euro*

Insider Tipp

MAMBA VILLAGE CROCODILE FARM [129 D–E4]

Gut 10000 Krokodile liegen auf dieser Farm den Großteil des Tages träge in der Sonne, bis um 17 Uhr die Fütterung beginnt. Auf dem Gelände befinden sich auch ein kleiner Schlangenpark und ▶▶ ein angesagter Nightclub – hier wird über den Köpfen der Krokodile bis in die Nacht hinein getanzt *(tgl. | Eintritt ca. 2 Euro). Farmbesuch tgl. 8–18 Uhr | Eintritt ca. 5 Euro | gegenüber dem Nyali Golf Club | Nyali*

Insider Tipp

Shanzu Beach, der schönste Strand nördlich von Mombasa

ESSEN & TRINKEN

AQUAMARIN

Vorzügliche Küche; besonders Fisch und Schalentiere. *Am Mtapa Creek | Mombasa–Malindi Road* | €

IL COVO

Italienische Köstlichkeiten und Gegrilltes werden auf einer Terrasse direkt am Meer serviert. *Bamburi Beach | Tel. 041/548 74 81* | €€

Insider Tipp **MOORINGS RESTAURANT**

Schwimmendes Restaurant im Mtwapa Creek, vor der Nyali-Brücke (von Bamburi Beach aus). Exzellente Küche, Treff der Segler und Sportfischer. *Tel. 041/548 52 60* | €€

LA VERANDA

Handfester Italiener mit Holzofen für erstklassige Pizzen und der gemütlichen, namensgebenden Veranda. *Nyali | hinter dem Nova Shopping Center | Tel. 041/548 54 82* | €

ÜBERNACHTEN

Nyali, Bamburi- und Shanzu-Beach ist die Küstenregion Kenias mit der höchsten Hoteldichte.

BAHARI BEACH HOTEL

Am Nyali Beach auf einer Klippe gelegen. Tropische Gartenanlage, direkter Zugang zum Strand, Swimmingpool, viele Wassersportangebote. *100 Zi. | Tel. 041/47 28 22 | www.baharibeach.net* | €

SAROVA WHITESANDS

Moderne und weitläufige Hotelanlage im Stil eines arabischen Forts. Drei Pools und alle Arten von Wassersport im Angebot. *340 Zi. | Bamburi Beach | Tel. 041/212 80 00 | www.sarovahotels.com* | €€

SERENA BEACH HOTEL

Angenehmes Hotel im Lamu-Stil mit tollem Blick auf den Ozean. *166 Zi. | Shanzu Beach | Mombasa | Tel. 020/284 20 00 | www.serenahotels.com* | €€€

> LOW BUDGET

- An der Südküste übernachten Sie günstig in den *Coral Beach Cottages* in Diani Beach. Die nur 100 m vom Strand entfernten Cottages mit Kochstelle gibt es schon ab 25 Euro pro Person. *Diani Beach North Road | Tel. 040/320 20 52 | www.coralbeachcottages.com*
- Auf Lamu bietet das *Pole Pole Guesthouse* konkurrenzlos günstige Einzelzimmer ab 5, Doppelzimmer ab 10 Euro. Das angegliederte Restaurant ist gut und ebenso preiswert. *Waterfront | Lamu Town | Tel. 0722/65 24 77*
- Günstig essen kann man in Diani Beach im *African Pot:* kenianische Spezialitäten in agenehmem Ambiente (ein Lokal in Diani Beach vor der Einfahrt zu den Coral Beach Cottages, eine weiteres in Ukunda).

SEVERIN SEA LODGE

Beliebte Hotel- und Bungalowanlage. Tropischer Garten, Pools, Internetcafé; Gemüse aus biologischem Anbau. *200 Zi. | Bamburi Beach | Malindi Road | Tel. 041/548 52 12 | www.severin-kenya.com* | €€

Insider Tipp **TAMARIND VILLAGE**

Für alle, die ein eigenes Apartment einem Hotelzimmer vorziehen: Die mit allem Komfort ausgestattete Anlage im Suaheli-Stil bietet einen tropischen Garten, einen Pool und einen tollen Blick auf den alten Hafen. Direkt nebenan befindet sich das beste Restaurant Mombasas, das *Tamarind. 22 Ap. | Silos Road | Nyali | Tel. 041/47 46 00 | www.tamarind.co.ke | €€*

FREIZEIT & SPORT

Tauchen, Schnorcheln und Surfen ist praktisch überall möglich. Die meisten Hotels verfügen über eigene Squash- und Tennisplätze.

GOLF

Kenias neuester und luxuriösester Golfplatz liegt auf Insider Tipp *Vipingo Ridge:* Die 18 Löcher sind nach USGA-Richtlinien angelegt, in den Spielpausen bietet sich ein phantastischer Ausblick auf den Indischen Ozean *(Anmeldung: Tel. 0733/ 90 59 07).* In Nyali gibt es außerdem einen ebenfalls schön gelegenen 9-Loch-Platz.

GOKART

Auf dieser in einem tropischen Palmengarten gelegenen Anlage unter deutscher Leitung kann man nicht nur Gokart und Buggy fahren (Strecken jeweils gut 500 m), sondern sein Adrenalin auch beim Insider Tipp Baggerfahren abbauen. Zur Erholung lockt danach ein Drink in der angeschlossenen Bar. *Di–So 16–22 Uhr | Fahrten ab ca. 10 Euro | nahe Severin Sea Lodge | Tel. 0721/48 52 47 | www.mombasa-gokart.com*

AM ABEND

PIRATES BEACH BAR ▶▶

Heiße Rhythmen unter freiem Himmel: Die beliebte Stranddisko ist zugleich auch ein gutes Restaurant; schließt mit Sonnenaufgang. *Malindi Road | Bamburi*

ZIEL IN DER UMGEBUNG

KILIFI **[129 E3]**

Der kleine Ort, gelegen am gleichnamigen Creek, ist ein guter Ausgangspunkt für Segeltouren und Surfingtrips und deutlich ruhiger als die Küste weiter südlich. Eine traumhafte Unterkunft ist das Insider Tipp *Robinson House,* ein perfekt in die Natur eingepasstes, zum Meer hin offenes Haus aus Holz und Makuti mit Pool und Meerzugang *(Buchung über Phoenix Safaris | Tel. 020/712 22 54 | www.phoenix-safaris.de | €€).* Bootsfahrten und Vogelsafaris auf dem Creek organisiert der *Mnarani Club (Malindi Rd.),* wo man auch übernachten kann.

DIANI/ TIWI BEACH

[129 D5] Etwa 30 km südlich von Mombasa liegen zwei der schönsten Strände der kenianischen Küste: ★ *Diani Beach* und Tiwi Beach. Weite, weiße Sandstrände, die von Palmen gesäumt und durch vorgelagerte Korallenriffe geschützt sind: ideal zum Schwimmen, Schnorcheln und Windsurfen. Tiwi Beach ist der einsamere Strandabschnitt, in Diani Beach hingegen gibt es auch Restaurants und Bars in Strandnähe. Die Anreise zur Südküste vom Flughafen Mombasa aus ist eine beschwerliche Angelegenheit, weil der Mombasa Creek mit einer ältlichen Fähre überquert werden muss. Wer von Nairobi kommt, sollte deshalb zum Flughafen Ukunda nahe Diani Beach fliegen, der von Air Kenya und Safarilink seit Kurzem angeflogen wird.

SEHENSWERTES

COLOBUS TRUST

Seit 1997 kümmern sich Naturschützer in Diani um die gefährdeten Colobus-Affen aus der Familie der Stummelaffen. Von ihrer Forschungsstation aus bieten die Ökologen fachkundig geführte Touren zu Fuß an, bei denen man die Affen gut beobachten kann. *Mo–Sa 8–17 Uhr | Colobus Trust Research Station | Diani Beach Road | Tel. 040/320 35 19 | www.colobustrust.org*

KAYA KINONDO

Insider Tipp

Die in Diani lebende Digo-Bevölkerung gibt Urlaubern Einblick in ihr traditionelles Leben: Nach einem Fußmarsch durch die Kaya, einen heiligen Baumhain, bekommt man ein Dorf, den Medizinmann und die Schule zu sehen. *Anmeldung: Tel. 0722/34 44 26*

ESSEN & TRINKEN

ALI BARBOUR'S

Originelles Restaurant in einer ausgebauten Felsgrotte. *Nur abends | zwischen Trade Winds Hotel/Diani Sea Lodge | Tel. 0714/45 61 31 |* €€€

NOMAD BEACH BAR

Direkt am Strand unter einem Schatten spendenden Makuti-Dach. *Neben der Ferienanlage The Sands |* €

Fliegende Händlerinnen mit Tüchern am Diani Beach

DIANI/TIWI BEACH

ÜBERNACHTEN

BAOBAB BEACH RESORTS

Die Anlage auf dem schön mit schattigen Baobabs bestandenen Gelände war einst ein Robinson-Club. Heute kann man hier immer noch „all inclusive" ausspannen, sonnenbaden, surfen und tauchen lernen oder Tennis spielen. *30 Zi. | Diani Beach | Tel. 040/320 26 23 | www.baobab-beach-resort.com* | €€

LEOPARD BEACH RESORT

Zum großzügig angelegten Resort gehören mehrere Pools, eine Tauch- und Surfschule und ein privater Strandabschnitt. Außer vier Restaurants gibt es auch einen Spa mit allen erdenklichen Wellness-Angeboten. *158 Zi. | Diani Beach | Tel. 040/320 27 21 | www.leopardbeachresort.com* | €€€

SANDS AT NOMAD

Cottages für bis zu vier Personen direkt am Strand ziehen vor allem Taucher an. Auf dem palmenbewachsenen Grundstück ist es angenehm kühl, das Restaurant mit Strandbar ein Hit. *37 Zi. | Diani Beach | Tel. 040/320 36 48 | www.thesandsatnomad.com* | €€

Eine Insel für Robinson: Wasini Island bei Shimoni

SHAANTI RETREAT

Insider Tipp

Afrikas einziges ayurvedisches Strandhotel: Hier gibt es Open-Air-Yogakurse, einen Whirlpool mit Meerblick und Bandas mit Massagebänken direkt am Strand sowie einen Raum zum Meditieren. Im Turmrestaurant wird hervorragendes vegetarisches Essen serviert. *8 Zi. | Diani Beach | Tel. 040/320 20 64 und 0722/ 20 55 00 | www.shaantihhr.com | €€€*

TIWI BEACH RESORT

Großer Ferienkomplex mit dem längsten Swimmingpool Kenias. Hier kann man zudem Wasserski fahren, surfen, schnorcheln und tauchen. Das Resort ist auch exzellent auf Rollstuhlfahrer eingerichtet. *210 Zi. | Tel. 040/330 02 41 | www.tiwibeachresort.com | €*

AM ABEND

Der Treffpunkt am Abend ist die Insider-Tipp *Forty Thieves Beach Bar* mit Blick auf Strand und Meer, wenige Meter vom *Ali Barbour's Restaurant*. Je später der Abend, desto munterer wird es. Ein unübersehbares Aufgebot an „Bushbabys" – wie die weiblichen afrikanischen Gäste auf der Suche nach zahlungswilliger Kundschaft abschätzig genannt werden – bietet der *Shakatak Nightclub*, Restaurant-Disko unter freiem Himmel.

ZIELE IN DER UMGEBUNG

MSAMBWENI [129 D6]

15 km von Diani Beach entfernt, an der traumhaften Südküste, liegt dieses kleine Fischerdorf in einer bisher touristisch kaum erschlossenen Region. Der *Club Salima* bietet kleine Cottages für Selbstversorger in der Nähe des Strandes, Pool *(Tel. 0734/ 78 10 41 | €)*.

Insider-Tipp SHIMBA HILLS NATIONAL RESERVE [128–129 C–D5]

Wer einen Abstecher zu Kenias Tierwelt machen möchte, sollte diesen Park besuchen, der von den Urlaubsorten der Südküste nur rund 30 km entfernt liegt: eine Hügelkette, die bis zu 400 m ansteigt, weites offenes Grasland, zum Teil mit dichtem Busch und Wald bedeckt, bevölkert von Elefanten, Büffeln, Buschböcken und seltenen Rappenantilopen. Von der Höhe bietet sich ein grandioser Panoramablick auf den Indischen Ozean und bis zu den Usambara-Bergen in Tansania. Eine zünftige Übernachtungsmöglichkeit ist das „Baumhotel" *Shimba Rainforest Lodge (67 Zi. | Tel. 041/222 96 08 | www.abderdaresafarihotels.com | €€). Parkeintritt 20 US$*

WASINI ISLAND [128–129 C–D6]

Ganz im Süden von Kenias Küste liegt Wasini Island, vor allem ein Paradies für Taucher. Vom Hafenort *Shimoni* und der Insel aus aus fahren Meeresbiologen täglich mit der „Wasini Dhow" mit Urlaubern aufs Meer hinaus, um dort Delfine zu beobachten – ein perfekter Tagesausflug. Die erfahrene Crew (man spricht auch Deutsch) kennt die Gewässer so gut, dass die Chancen sehr groß sind, die Meeressäuger tatsächlich zu sehen. Mit Glück lassen sich sogar die bis zu 10t schweren und 18m langen, dennoch harmlosen Walhaie beobachten. Garantiert sind Schnorcheln am Kisite Riff vor Wasini und ein Suaheli-Lunch an Bord der Dhau. Mitfahrer werden morgens an ihren Hotels abgeholt. *Ab 75 Euro; Wasini Dhow (Tel. 040/320 21 44 und 0712/ 91 85 89 | www.wasinidhow.com)* und *Pilli Pipa Dhow Safaris (Tel. 040/320 35 59 und 0724/44 25 55 | www.pillipipa.com)*

LAMU-ARCHIPEL

[125 D–E4] ★ **Im äußersten Norden Kenias, nahe der Grenze zu Somalia, ist der Küste eine Inselgruppe vorgelagert, der Lamu-Archipel.** Die drei größten Inseln heißen *Lamu, Pate* und *Manda*. Ein Ausflug nach Lamu ist eine Reise in die Vergangenheit Kenias. Die Insel ist geprägt vom Islam und von jahrhundertealten Traditionen: weiße Minarette, von denen der Muezzin zum Gebet ruft, ein Labyrinth enger Gassen, Häuser im arabischen Stil, schwarz verschleierte Frauen, die Männer im traditionellen *Kanzu*, dem bis auf die Knöchel reichenden weißen Gewand. An der Hafenpier machen noch immer *Jahazis* fest, dickbäuchige arabische Segelschiffe mit eigenwilliger Betakelung. Ihre Fracht heute: Lebensmittel und Getränke vom Festland, gelegentlich auch Passagiere. Das einzige Transportmittel auf der Insel sind Esel. Abgesehen von einem Landrover, der dem District Commissioner gehört, stört kein Auto die Idylle.

Lamu war einst eine der reichsten Handelsstädte der Küste, ihre Blütezeit hatte sie im 19. Jh., als unter der Herrschaft der Omani der Handel mit Elfenbein und Sklaven seinen Höhepunkt erreichte. Danach, mit dem Verbot des Sklavenhandels, fiel die Stadt in einen Dornröschenschlaf. Seit 1987 steht der Kern, die alte Steinstadt, unter Denkmalschutz und auf der Unesco-Welterbeliste.

Die ersten „Touristen", die die Insel Anfang der 1970er-Jahre für sich entdeckten, waren Hippies. Ihnen folgten ein Jahrzehnt später betuchte Europäer und Amerikaner, die sich Grundstücke und Häuser kauften – unter ihnen auch Prinz Ernst August von Hannover. Weil dieser Trend noch zugenommen hat, fürchten die Einwohner von Lamu heute den Ausverkauf ihrer Insel. Noch ist der eigenwillige Charme der Inseln aber erhalten geblieben.

Erreichbar ist Lamu dem Flugzeug von Nairobi, Mombasa oder Malindi aus oder – viel preiswerter, aber auch viel zeitraubender – auf dem Landweg von Mombasa über Malindi nach Mokowe (ca. 8 Std.). Aus Sicherheitsgründen ist davon allerdings eher abzuraten. Der Flughafen von Lamu liegt auf der Nachbarinsel Manda; nach der Landung folgt eine 20-minütige Bootsfahrt nach Lamu.

Lamu-Stadt oder *Stone Town* ist das traditionelle Zentrum der Insel. Die tiefen Steingassen bieten selbst mittags Schutz vor der heißen Sonne. Gut eine halbe Stunde Fußmarsch (nur bei Ebbe) oder eine zehnminütige Fahrt mit dem Sammeltaxi-Boot entfernt liegt *Shela,* ein ruhiges Fischerdorf, das rund um die Freitagsmoschee, die älteste Moschee der Insel von 1829, erbaut wurde. Hier hat die Zahl der Unterkünfte in den vergangenen Jahren deutlich zugenommen, ebenso wie auf der gegenüberliegenden Insel *Manda*.

SEHENSWERTES

Zentrum der Stadt ist der Platz vor den mächtigen Mauern des alten Forts, das um 1820 von den Omanis erbaut und in der Kolonialzeit in ein Gefängnis umgewandelt wurde (Fotografieren verboten). Daran schließen sich die

Hauptstraße, die Harambee Road, und eine Vielzahl von kleinen Gassen an, in denen vereinzelt noch sehr schöne alte Häuser erhalten sind. Türen, Fenster und Holzbalkone tragen zum Teil kunstvolle Schnitzereien. Lamus Handwerker sind berühmt für ihre prächtigen geschnitzten Türen. In der Altstadt gibt es einige Werkstätten, wo diese auch heute noch hergestellt werden, wie auch die ebenfalls berühmten Lamu-Truhen und die typischen Lamu-Betten mit Pfosten und Baldachin.

Treffpunkt am späten Nachmittag, wenn die Hitze des Tages langsam nachlässt, ist die Hafenpier. Auf der Terrasse von *Petley's Inn* finden sich Einheimische ein, Touristen sowie Rucksackreisende, die beschlossen haben, auf Lamu zu überwintern.

LAMU-MUSEUM

Den besten Blick auf das Gewirr der engen Gassen und die Minarette der Moscheen bietet das Dach des ohnehin besuchenswerten Lamu-Museums an der Seeseite, neben Petley's Inn. Im Museum ist originalgetreu ein Brautzimmer eingerichtet. Mit Sorgfalt sind Schmuck, Musikinstrumente, Gebrauchsgegenstände und Waffen zusammengetragen. *Tgl. 8–18 Uhr | Eintritt ca. 3 Euro*

Kanzu heißt das traditionelle Gewand der ostafrikanischen Moslems

ESSEN & TRINKEN

Downtown und entlang der Hafenpier gibt es viele kleine Restaurants, in denen man gut und preiswert essen kann: Meerestiere in allen Variationen, dazu frisch gepresste Fruchtsäfte. Beliebte Restaurants sind das *Hapa Hapa* und das *Bush Garden* an der Promenade. Hier gibt's Fisch, Krebse und Hummer, aber auch Hühnchen- und Fleischgerichte bei gutem Preis-Leistungs-Verhältnis. Am südlichen Ende der Promenade liegt das *Olympic Restaurant* mit vorzüglichem Seafood. Die Bestellung dauert etwas, aber es lohnt sich! Angenehm luftig sitzt man mittags auf der Dachterrasse des *Petley's Inn (alle €)*. Wer Lust hat auf einen echten Kaffee oder auf ein Eis, der ist im *Whispers Café (Main Street | Lamu Town)* richtig aufgehoben. Dazu gibt es im begrünten Hinterhof selbst gebackenen Kuchen, frisch gepresste Säfte und Mittagessen (Suaheliküche). Zum Anwesen gehört ein gehobener Souvenirladen, die *Gallery Baraka,* die auf jeden Fall einen Besuch lohnt.

ÜBERNACHTEN

BANANA HOUSE

Insider Tipp

Der großzügige, luftige Suahelibau liegt nur 50 m vom Strand entfernt und kann entweder zimmerweise (einige haben Meerblick!) oder als Ganzes gemietet werden. Zum Haus gehören ein Pool und ein Wellness-Zentrum, in dem Massagen und Yoga angeboten werden. *7 Zi. | Shela | Tel. 0721/27 55 38 | www.bananahouse-lamu.com | €*

Ein schöner Platz zum Relaxen: Zimmerbalkon des Peponi Hotels in Shela auf Lamu

ISLAND HOTEL

Gut geführtes Hotel fünf Minuten vom Strand in klassischer Inselarchitektur; die schönsten Räume befinden sich im Obergeschoss gleich neben der Frühstücksterrasse. *13 Zi. | Shela | Tel. 042/63 32 90* | €

LAMU HOUSE

Zwei wundervoll restaurierte und frisch weiß getünchte Lamu-Häuser mit Dachterrasse, von der man einen einmaligen Blick über die labyrinthische Steinstadt von Lamu genießen kann. Zum Dekor des Hotels gehören zahllose antike Gegenstände, die vermischt mit moderner Kunst eine ganz eigene Atmosphäre erzeugen. *10 Zi. | Lamu Sea Front | Lamu Town | Tel. 042/63 34 91 | www.lamuhouse.com* | €€

PEPONI HOTEL

Gilt als bestes Hotel am Platz und ist neben *Petley's Inn* der einzige Platz auf der Insel, wo Alkohol ausgeschenkt wird. *24 Zi. | Shela | Tel. 042/63 34 21 | www.peponi-lamu.com* | €€€

FREIZEIT & SPORT

Gute Möglichkeit zum Surfen bietet sich vor allem in Shela. Das *Peponi Hotel* vermietet Surfbretter und organisiert auch Bootsfahrten zum Hochseeangeln.

DHAU-FAHRT ★

Egal, wie kurz Sie auf Lamu sind: Eine Dhau-Fahrt sollte unbedingt auf dem Programm stehen! Jedes Hotel kann Ihnen einen verlässlichen Kapitän vermitteln, der Sie am Hotel abholt. Die Dhau ist ein besonderes Boot: Ihr Segel ist an nur einem Quermast befestigt. Bläht sich das Segel, entsteht die charakteristische dreieckige Silhouette, die man hier überall auf dem Wasser beobachten kann. Bläst der Wind ordentlich, muss der Bootsmann auf einem über Bord liegenden Brett Gegengewicht geben, damit das flach im Wasser liegende Boot nicht kentert. Bei starkem Wind sind auch die Passagiere gefragt. Unbedingt Trinkwasser, Sonnencreme und Kopfbedeckung mitnehmen!

Zu den Standardangeboten gehören Fahrten in die Creeks von *Manda* mit anschließendem Fisch-Barbecue am Strand. Sagen Sie dem meist jugendlichen Kapitän, er soll den Fisch frisch vom Markt mitbringen – das versprochene Angeln klappt tagsüber praktisch nie. Möglich ist auch die Fahrt zu den Ruinen von *Takwa,* die allerdings nur erreichbar sind, wenn die Gezeiten stimmen.Wer seefest ist und einen Tag Zeit hat, sollte unbedingt eine Inselrundtour ausprobieren. An Shela vorbei geht die Fahrt bis zum Riff, wo man tauchen kann. An dieser Stelle ist das Meer meist besonders aufgewühlt, wird dann aber wieder ruhiger, wenn man landeinwärts auf *Kipungani* zuhält. Hier kann man eine Pause im exklusiven *Kipungani-Explorer-Club* einlegen. Auf der gegenüberliegenden Seite des Kanals liegt das dicht mit Mangroven bewaldete Festland. Weiter geht die Fahrt, vorbei an *Matondoni,* wo früher die meisten Dhaus gebaut wurden. Parallel zur Anlegestelle am Festland fährt der Kapitän zum letzten Mal eine Kurve bis nach *Stone Town.*

MALINDI

[129 F2] **Malindi war die erste Hochburg des Tourismus an der kenianischen Küste. In der Folge haben sich seit den 1930er-Jahren viele Europäer in der zweitgrößten Küstenstadt niedergelassen und sie geprägt.** Der ursprüngliche afrikanische Stadtkern mit seiner ins 13. Jh. zurückreichenden Geschichte wird von Tourismuszentren immer weiter eingeengt: Ferienanlagen, Einkaufszentren, Diskotheken, Bars entstanden. Zur Hochsaison bevölkern vor allem Pauschalgäste aus Italien die Stadt.

Der schönste Küstenabschnitt ist jener vor dem Driftwood Beach Club – wenn nicht gerade die braunen Fluten des Galana-Flusses das Wasser trüben, wie etwa während der Regenzeit. Von dem kleinen Flughafen bestehen regelmäßige Verbindungen nach Nairobi, Mombasa und Lamu.

SEHENSWERTES

Wo bis 1873 jeden Freitag öffentlich Sklaven versteigert wurden, steht heute die *Juma'a* – die „Freitags"-Moschee. An die Zeit der Portugiesen erinnern die *Vasco-da-Gama-Kirche* aus der ersten Hälfte des 16. Jhs. und das *Vasco-da-Gama-Denkmal*, beide benannt nach dem portugiesischen Seefahrer. Die *Uhuru Gardens,* nicht weit von der Freitagsmoschee entfernt, sind eine willkommene Oase in der heißen, staubigen Stadt. Gleich gegenüber stehen die Marktstände des Touristenmarkts, wo es täglich ab 9 Uhr Souvenirs aus ganz Kenia zu kaufen gibt. Im wenige Hundert Meter entfernten *Malindi-Museum* kann man u.a. einen 77 kg schweren Kno-

Ruinen aus arabischer Vergangenheit: Gedi National Monument

chenfisch, den größten seiner Art, bestaunen *(tgl. 8–18 Uhr | Eintritt 500 Ksh)*.

ESSEN & TRINKEN

I LOVE PIZZA

Original italienische Pizzen und Nudelgerichte zu günstigen Preisen. *Mama Ngina Road | Tel. 042/206 72 | €*

Insider Tipp

THE OLD MAN AND THE SEA

Nahe der Bootsanlegestelle liegt das Restaurant mit der wohl besten Küche in der Stadt. *Mama Ngina Road | Tel. 042/311 06 | €*

ÜBERNACHTEN

Insider Tipp

CHE SHALE

Eine halbe Stunde nördlich von Malindi an einem einsamen Strand liegt diese bis ins Detail elegant designte Oase. Geschlafen wird in Makuti-Hütten (Bandas), auf den Tisch kommen frische Meeresfrüchte und mediterran angehauchte Gerichte. Sportliche Gäste können zudem lernen, wie ▶▶ Kitesurfing funktioniert: Ein Lenkdrachen zieht dabei den „Piloten" auf einem Surfbrett in rasantem Tempo über das Meer. *5 Zi. | Tel. 0722/23 09 31 | www.cheshale.com | €€*

DRIFTWOOD BEACHCLUB

Kleine Chalets in großer Grünanlage, Pool. 3 km südlich von Malindi am Silversands Beach gelegen. *35 Zi. | Tel. 42/201 55 | www.driftwoodclub.com | €*

KILILI BAHARINI RESORT

Resort aus 1001 Nacht unter italienischer Leitung mit großzügigen Zimmern und vorzüglichem Strand. *35 Zi. | Tel. 042/201 69 | www.kililibaharini.com | €€*

FREIZEIT & SPORT

Nicht der Strand und das in der Regenzeit oftmals schlammig rot gefärbte Wasser sind Hauptanziehungspunkte in Malindi, sondern die Vielfalt an sportlichen Aktivitäten: Wind- und Kitesurfen, Reiten, Tennis, Schnorcheln, Tauchen, Hochseeangeln (Angebote in den Hotels).

ZIELE IN DER UMGEBUNG

ARABUKO SOKOKE FOREST [129 E2]

Insider Tipp

Knapp 8 km von der Küste entfernt, zwischen Kilifi und Malindi, erstreckt sich einer der letzten tropischen Küstenwälder der Region. Hier leben seltene Vogelarten, Schmetterlinge und Reptilien. Das gut ausgebaute Wegenetz eignet sich bestens für ausgedehnte Wanderungen. Es empfiehlt sich, sich einem sachkundigen Führer anzuvertrauen (bei der KWS-Station am Parkeingang). *Eintritt 20 US$*

GEDI NATIONAL MONUMENT ★ [129 E2]

Im dichten Wald uralter Baobab-Bäume verborgen liegen die Ruinen einer arabisch-afrikanischen Stadt, die wahrscheinlich Ende des 13. Jhs. gegründet wurde. Ein Besuch ist vor allem in den späten Nachmittagsstunden ein Erlebnis. Im dichten Dschungel entdecken Sie die Mauern eines ehemals prächtigen Palastes, Moscheen und zerfallene Häuser, dazu vernimmt man die unheimlichen Geräusche des Dschungels. Bis heute ist Geheimnis geblieben, wer die Bewohner Gedis waren und warum sie ihre Stadt offensichtlich in aller Eile verlassen haben. *15 km außerhalb Malindis bei Watamu | Mombasa Road | Old Malindi | tgl. 7–18 Uhr | Eintritt ca. 3 Euro*

Insider Tipp

NATIONAL MARINE PARKS [129 F2]

Glasbodenboote der Hotels und kleine Dhaus bringen Gäste zum *Malindi Marine Park* und zum *Watamu Marine Park (Eintritt jeweils ca. 7,50 Euro)*. Mit Schnorchel und Taucherbrille kann man prächtige Korallenbänke bewundern und eine unglaubliche Zahl von Fischen aller Farben und Formen. Ein Glasbodenboot für 2 Stunden kostet ca. 30 Euro, eine organisierte Tour pro Person ca. 15 Euro. Die Boote fahren aber nur bei Niedrigwasser aus. *Park: tgl. 7 bis 17.30 Uhr*

Empfehlenswert ist auch eine *Sundowner Cruise*, eine Fahrt mit der Dhau zum Sonnenuntergang in die stillen, vogelreichen Wasser des Mida Creeks, einer von dichten Mangrovenwäldern gesäumten, tief ins Land eingeschnittenen Bucht. Zu buchen über die meisten Hotels.

TANA RIVER DELTA [124 B–C5]

Nördlich von Malindi mündet einer von Kenias größten Flüssen, der Tana, in den Indischen Ozean. Ausgangspunkt für eine Safari in die vogelreichen Feuchtgebiete ist *Tana Delta Dunes*, eine Ansammlung traumhaft in die Dünen zwischen Fluss und Meeresstrand integrierter Häuser, die zum Meer hin offen sind. Gegessen wird auf einer ☀ Terrasse mit Blick über den Fluss, es gibt auch ein Pool *(6 Zi. | Tel. 0727/46 47 63 | www.tanadelta.org | €€€)*. Außer Fußsafaris sind von hier aus auch Bootsfahrten auf dem von Nilpferden und Krokodilen nur so wimmelnden Tana möglich.

Insider Tipp

WATAMU ★ [129 E–F2]

Etwa 25 km südlich von Malindi liegt an der Turtle Bay und der Blue Lagoon einer der schönsten Strandabschnitte der Nordküste, eine weite Bucht, weißer Sandstrand, im Wasser unzählige kleine, bizarr geformte Koralleninseln, die wie *turtles* (Schildkröten) aussehen. Das der Küste vorgelagerte Gebiet von der Blauen Lagune bis zum Mida Creek ist geschützter Meeresnationalpark. Angenehm und wunderschön gelegen ist das Hotel *Hemingway's (74 Zi. | Mida Creek Drive | Tel. 042/326 24 | Fax 322 56 | www.hemingways.co.ke | €€)*.

Watamu ist das Dorado der Hochseefischer. In der Bucht vor dem *Hemingway's* liegt eine Flotte hochseetüchtiger Fangboote, ausgerüstet mit moderner Elektronik zum Aufspüren der Beute: Hai, Sailfish und Marlin. Am späten Nachmittag, wenn die Skipper mit ihren Kunden zurückkommen, versammelt sich fachkundiges Publikum, um den Fang zu begutachten. Die Fangsaison ist August bis März, Hochsaison für Sailfish und Marlin Dezember bis März. Boote mit Mannschaft vermieten *Hemingway's Resort (Tel. 042/326 24)* und *Ocean Sports Hotel (Tel. 042/320 08)*.

Besonders für Taucher interessant ist die gut erhaltene, vielfältige Unterwasserwelt des *Watamu Marine National Park*. Tauchbasis: ▶▶ *Ocean Sports Hotel | Tel. 042/320 08 | Fax 32 26*. Tauchkurse: *Aqua Ventures | Tel. 042/324 20 | Fax 322 66* (beste Zeit Okt.–März).

MOMBASA

[129 D4] Für die meisten Urlauber ist der Moi International Airport die erste Station auf kenianischem Boden und Mombasa der Ausgangspunkt der Urlaubsreise. Mombasa ist die zweitgrößte Stadt Kenias, der Tiefseehafen der bedeutendste an der ostafrikanischen Küste. Erbaut wurde die Stadt auf einer soliden Korallenriffinsel. Eine Brücke verbindet sie mit der Nordküste. Die Südküste ist nur über eine Fährverbindung erreichbar. Zwei Passagier- und Autofähren verkehren Tag und Nacht.

Mombasa ist auf den ersten Blick eine Stadt, die man schnell hinter sich lassen möchte. Die Luft ist feuchtheiß, die Straßen sind voller Schlaglöcher und Dreck – klapprige Autos, die sich dicht an dicht drängen. Mombasas Reiz erschließt sich erst auf den zweiten Blick. Es ist das Nebeneinander von Gestern und Heute, das fasziniert, die Kulisse eines vergangenen Jahrhunderts, wie der Alte Hafen, einst das geschäftige Zentrum der Stadt, in dem die großen Dhaus aus Arabien, Indien und Persien vor Anker gingen, um ihre Fracht zu entladen und Sklaven und Elfenbein an Bord zu nehmen. Mombasa war das Tor zum „dunklen Kontinent" Afrika. Von hier zogen die ersten Karawanen ins Landesinnere: Sklavenkarawanen der Araber, Handelskarawanen, von der British East Africa Company beauftragt; ihnen folgten Entdecker, Missionare und

Mombasas Wahrzeichen: Die Elefantenstoßzähne überspannen die Moi Avenue

Abenteurer. Heute gehen moderne Containerschiffe und Luxusliner im Tiefseehafen vor Anker.

Das Faszinierende an Mombasa aber sind dessen Bewohner und das Erbe einer wechselvollen Vergangenheit, als Eroberer kamen und gingen, Mombasa seinem Namen noch gerecht wurde und eine „kriegerische Insel“ war. Heute leben mehr als 800 000 Menschen in der Stadt: Afrikaner, Araber, Asiaten, Moslems, Christen, Hindus, Sikhs und Ismailiten.

SEHENSWERTES

Vier riesige Elefantenstoßzähne aus Metall überspannen paarweise gekreuzt die Moi Avenue, die Hauptstraße Mombasas. Aus Anlass des Besuchs der britischen Königin 1952 errichtet, sind sie zum Wahrzeichen der Stadt geworden. Moi Avenue und Nkrumah Road, Digo Road und Nyerere Avenue bilden das Zentrum der Innenstadt.

Den besten Eindruck davon, wie die Stadt noch zu Beginn des 20. Jhs. aussah, vermittelt ein Spaziergang durch die Gassen der arabischen Altstadt zwischen dem Alten Hafen im Osten und dem Fort Jesus im Süden. In der *Ndia Kuu Road* und der parallel verlaufenden *Mbaraki Hinawy Road* stehen vereinzelt im Sansibar-Stil gebaute Häuser, mit Holzbalkonen und kunstvoll geschnitzten Türen. Leider bröckeln viele der einst prächtigen Fassaden. Noch immer malerisch der Alte Hafen mit dem Zollhaus, den Schauerleuten, die wie einst barfuß und mit schweißglänzendem Oberkörper die Fracht auf die Dhaus schleppen. Gelegentlich, zur Zeit des Nordostmonsuns (Okt. bis März), legen hochseetüchtige Segler aus arabischen Häfen an. Doch die Zeit der Dhaus ist unwiederbringlich vorbei. Nur im küstennahen Gütertransport werden noch kleine Dhaus eingesetzt.

Vielfalt und Reichtum der Fischgründe des Indischen Ozeans offenbaren sich morgens auf dem *Fish Market* am Alten Hafen. Ebenfalls in der Altstadt findet man die in vier Jahrhunderten verwitterte *Mandhry-Moschee*, die älteste Gebetsstätte der Moslems in Mombasa. Eher in Asien als in Afrika wähnt man sich in den späten Nachmittagsstunden, wenn die Gläubigen zur Andacht kommen, bei einem Besuch des *Jain-Temple* in der Langoni Road und des *Lord Shiva Temple* nahe des Jamhuri Parks, der Gebetsstätten der Hindus.

Schönes Schnitzwerk ziert viele alte Holztüren in Mombasa

Fort Jesus erinnert an die Zeit der portugiesischen Herrschaft im 16. Jh.

FORT JESUS

Wer durch die Altstadt schlendert, wird unweigerlich hier landen. Eine mächtige Festungsanlage, zwischen 1593 und 1596 von den Portugiesen erbaut. Auf trutzigen Mauern rosten Kanonen, einst gegen türkische und arabische Schiffe aufs Meer gerichtet. Im Inneren des Forts ist eine kleine Ausstellung über Kultur und Geschichte der Küstenregion untergebracht. *National Museum of Kenya | tgl. 8.30–18 Uhr | Eintritt ca. 3 Euro*

ESSEN & TRINKEN

BLUE ROOM RESTAURANT

Die kantinengleiche Einrichtung sollte nicht von einem Besuch abschrecken: Das Speisenangebot ist umfangreich, gut und günstig. *Haile Selassie Road | Tel. 041/22 40 21 |* €

HUNTER'S STEAKHOUSE

Vorzügliche T-Bone-Steaks, aber auch Fisch und Meeresfrüchte. *Di geschl. | Mkomani Road | Nyali | Tel. 041/47 47 59 |* €

RECODA

Ausgezeichnete kenianische Suaheli-Küche in der Altstadt von Mombasa. *Nur abends, Mo und Ramadan geschl. | Nyeri Street | Old Town | zweites Restaurant in Moi Avenue |* €

TAMARIND ★

In dem stilvoll umgebauten ehemaligen Harem sitzt man auf mondbeschienener Terrasse mit Blick auf den Alten Hafen. Die Speisekarte ist eine vielfache Versuchung: von Austernsuppe über Hummer bis zu den Desserts (z.B. Mango-Soufflé). Tischreservierung erforderlich! Wer in Mombasa Urlaub macht, sollte sich das *Candlelight-Dinner* nicht entgehen lassen. Ein Abendessen im Kerzenlicht an Bord der Dhau des Tamarind, auf den sanften Wellen des Tudor Creek, Romantik unterm funkelnden

Insider Tipp

Kreuz des Südens. Abfahrt um 18.30 Uhr vom Bootssteg des Restaurants. *Restaurant und Dhau: Tel. 041/ 47 46 00 | www.tamarinddhow.com | €€€*

EINKAUFEN

Moderne Geschäfte sind in der *Moi Avenue* und in der *Nyerere Avenue* zu finden. Basaratmosphäre vermittelt die *Digo Road*. Angeboten werden Gewürze und Parfüm, Silberschmuck, Holz- und Seifensteinschnitzereien. Textilien, Kikois und buntbedruckte Stoffe sind in den Läden der *Biashara Street* zu finden. Eher zum Sehen und Genießen der Atmosphäre geeignet sind die offenen Märkte mit ihrer afrikanischen Lebendigkeit und Vielfalt: der *Municipal Market* (ehemals Mackinnon Market) in der Abdel Nasser Road (Verlängerung der Digo Road) und der *Makupa Market* im Zentrum des Majengo-Viertels.

ÜBERNACHTEN

LOTUS HOTEL

Einst die erste Unterkunft weißer Siedler auf afrikanischem Boden, heute eine gute Budget-Unterkunft mit einem angenehm ruhigen Garten. *35 Zi. | Cathedral Lane, off Nkrumah Road | Tel. 041/231 32 07 | www.lotushotelkenya.com* | €

SENTRIM CASTLE

Hotel im Zentrum, nur wenige Minuten Fußweg zum Fort Jesus. Moderne Zimmer (Internetanschluss), aber kein Pool. *68 Zi. | Moi Avenue | Tel. 041/222 26 82 | Fax 223 06 88 | www.sentrim-hotels.com* | €

AM ABEND

Mombasa ist eine Hafenstadt und das Nachtprogramm nicht unbedingt für Klosterschülerinnen geeignet. Die meisten Urlauber ziehen es vor, im Schutz ihrer Hotelburgen zu bleiben. Viele Hotels veranstalten Folklore-

> BÜCHER & FILME

Zwischen Alltagsleben und Hollywood

> **Afrikanisches Schach** – Spannende Lebensgeschichte des deutschen Aussteigers Hans von Loesch an Kenias Küste.

> **Der Hüter der zerfallenden Bücher** – Schicksalsgeschichten von Menschen aus Afrika vom Autor dieses Reiseführers.

> **Rote Sonne, schwarzes Land** – Barbara Woods epischer Schmöker breitet die Saga einer Kolonistenfamilie aus England aus.

> **Afrika – dunkel lockende Welt** – Die schönste Übersetzung des Romans von Tania (Karen) Blixen, der die Vorlage für den Hollywood-Klassiker *Jenseits von Afrika* lieferte.

> **Nirgendwo in Afrika** – Caroline Link bekam für ihre Verfilmung des autobiografischen Romans von Stefanie Zweig einen Oscar. Erzählt wird die Geschichte einer jüdischen Familie, die vor den Nazis nach Kenia flieht.

> **Der ewige Gärtner** – Fernando Meirelles' spannende Verflimung des John-Le-Carré-Thrillers prangert illegale Menschenversuche der Pharmaindustrie an.

und Unterhaltungsabende, mehrere haben eine eigene Diskothek.

BORA BORA NIGHTCLUB
Relativ distanziert geht's in diesem Club zu, 10 km nördlich von Mombasa: Diskosound, die Gäste überwiegend Touristen. Der hohe Eintrittspreis (ca. 4 Euro) hält die meisten Kenianer fern. Freien Zutritt, so scheint es, haben nur Afrikanerinnen im Minirock. Höhepunkt des Abends ist die Revue afrikanischer Blue Bell Girls. *Mo geschl. | Malindi Road*

NEW FLORIDA CLUB
Die Location für Vergnügungen aller Art, einschließlich Spielkasino, ist fast rund um die Uhr geöffnet. Dependance des *New Florida Clubs* in Nairobi. *Mama Ngina Drive | Eintritt ca. 2,50 Euro*

TOYZ ▶▶
Sehr beliebter Treffpunkt der Einheimischen – eine In-Disko, in der man sich vor allem am Wochenende bis in die frühen Morgenstunden hinein vergnügt. *Baluchi Street | Eintritt ca. 2,50 Euro*

Ein Fest für alle Sinne: Makupa Market in Mombasa

AUSKUNFT

TOURIST OFFICE MOMBASA
Moi Avenue | (nahe der Stoßzähne) | Tel. 041/222 54 28, 22 34 56 | Mo–Fr 9–12 und 14–16.30, Sa 9–12 Uhr

> IM GARTEN EDEN

Im Geländewagen durch die weite Savanne – auf der Suche nach Elefant, Löwe & Co

> Eine Nacht am Lagerfeuer, mitten in der Wildnis, unter dem funkelnden Sternenhimmel Ostafrikas, ringsum ein vielstimmiges Konzert: das Schnaufen der Flusspferde, das Brüllen eines Löwen, das Geräusch von brechenden Ästen – vielleicht ist eine Elefantenherde in der Nähe ...

Am nächsten Morgen geht's zum ersten *Game Drive*, zur Pirschfahrt im Geländewagen, indie aufgehende Sonne hinein. Die rote Erdpiste verliert sich irgendwo am Horizont zwischen grünen Hügeln. Von den Schirmakazien äugt ein Giraffenpärchen herüber, eine Gnuherde jagt im Galopp über die Ebene. Auf einem Hügel liegt eine Löwin mit Jungen. Die Sonne steht schon hoch am Himmel, und im Camp wartet das Frühstück. Am späten Nachmittag geht's dann nochmal hinaus, diesmal hinunter zum Fluss. Krokodile liegen träge am Ufer, Flusspferde prusten im Wasser, eine Büffelherde bricht durchs Dickicht.

Bild: Begegnung mit einem Elefanten in der Masai Mara

NATIONAL PARKS

Der Besuch der Nationalparks in Kenia ist ein faszinierendes Erlebnis. Man kann sich im Safaribus durch die Parks chauffieren lassen und abends in einer Lodge übernachten. Wer es exklusiv mag, stellt eine Luxuszeltsafari nach eigenen Vorstellungen zusammen. In jedem Zelt gibt es Dusche und Toilette, Moskitonetze und Petroleumlampen. Um etliches billiger sind Safaris auf den harten Pritschen offener LKWs. Sie übernachten im selbst aufgebauten Zelt, für das leibliche Wohl sorgt ein Koch. Sie können Ihre Safari auch selbst organisieren. Das setzt aber ein Mindestmaß an fahrerischem Können voraus und die Fähigkeit, sich auf ungewöhnliche Situationen einzustellen. Wenn man sich auf die Hauptrouten beschränkt, genügt im Amboseli, Tsavo und in der Masai Mara ein PKW. Sicherer (und teurer) ist ein Wagen mit Allradantrieb Abgesehen vom hohen Preis ist es die Sicherheitslage, die es ratsam macht, sich eine Überlandsafari auf eigene Faust genau zu überlegen, und sich vorher über die Situation auf der Route zu erkundigen. Auf jeden Fall sollte man ausreichend Trinkwasser im Wagen haben und vor der Abfahrt kontrollieren, ob Öl, Wasser, Ersatzreifen in Ordnung und Wagenheber und Schraubenschlüssel vorhanden sind. Es empfiehlt sich, die

Wandergruppe am Fuß des Kilimandscharo

Lodge, in der man übernachten will, vorher zu buchen. Die Parks schließen um 18 bzw. 19 Uhr, dann kommt man weder hinein noch hinaus, bis zum nächsten Morgen um 6 Uhr. Nachts im Park zu fahren ist verboten, man könnte für einen Wilderer gehalten werden. Es empfiehlt sich, am Parkeingang oder in der Lodge einen Ranger mitzunehmen (ca. 5 Euro), der weiß, wo welche Tiere zu finden sind.

AMBOSELI

[121 D–E 5–6] ★ **Über einer weiten Grassteppe erhebt sich am Horizont ein gewaltiges Bergmassiv, der Gipfel von Eis bedeckt.** Spätestens Ernest Hemingways Buch „Schnee am Kilimandscharo“ machte den Amboseli berühmt. Der Nationalpark nahe der Grenze zu Tansania ist besonders in der Trockenzeit ein idealer Platz zur Wildbeobachtung, wenn sich die Tiere um den Amboseli-See sammeln. Leider ist abzusehen, dass der Amboseli Hemingways bald der Vergangenheit angehören wird. Der Schnee auf der Spitze des Kilimandscharo schmilzt wegen des Klimawandels seit Jahren, und Veränderungen des Grundwasserpegels beeinträchtigen zudem die Vegetation. *Parkeintritt ca. 60 US$*

LODGES

Im Amboseli gibt es komfortable Lodges, z.T. mit Pool, guter Küche und besten Möglichkeiten der Wildbeobachtung. Die meisten bieten *Air packages* an: Hin- und Rückflug von Nairobi/Mombasa mit Übernachtung (Auskunft im Hotel oder Reisebüro).

AMBOSELI SERENA LODGE

Die nobelste der Lodges im Amboseli ist im Stil von Massai-Hütten gebaut. Vom Pool aus haben Sie einen herrlichen Blick auf den Kilimandscharo. *96 Zi.* | *Tel. 045/62 23 61* | *www.serenahotels.com* | €€€

OL TUKAI LODGE

Ein Hauch von Wildwest weht durch diese massiv aus Holz errichtete Lodge im Herzen des Parks. Schon im Garten leben über 150 Vogelarten. *80 Zi.* | *Tel. 020/444 55 14* | *www.ol tukailodge.com* | €€€

Insider Tipp

TORTILIS CAMP

Eins der schönsten Camps in ganz Kenia: Von der Terrasse der komfortablen Zelte genießt man einen einzigartigen Kili-Blick. Die Küche ist eine Klasse für sich. Sehr kinderfreundlich. *18 Zi.* | *Tel. 020/60 40 53* | *www.chelipeacock.com* | €€

ZIEL IN DER UMGEBUNG

KILIMANDSCHARO ★ [126 B–C 1–2]

Etwa 200 km von Namanga, dem Grenzübergang von Kenia nach Tansania, entfernt liegen *Moshi* und, 20 km von Moshi, *Marangu*, die besten Ausgangspunkte für eine Besteigung des Kilimandscharo – oder aber auch nur für eine Bergwanderung an den Hängen. Bergsteigerische Erfahrung ist nicht erforderlich. Allerdings macht die dünne Luft (5895 m) erheblich zu schaffen. Im Allgemeinen rechnet man für den Auf- und Abstieg fünf Tage. Von den drei Kratern des Bergmassivs – Mawenzi, Kibo und Shira – ist der Kibo das Ziel der meisten Besucher. Die erste Etappe führt zunächst durch Kaffeeplantagen, dann durch dichten Regenwald. Nach 3–4 Stunden ist die *Mandara-Hütte* in 2750 m Höhe erreicht. Auf steilem Pfad geht's am nächsten Tag weiter durch den Regenwald.

Dann öffnet sich die Landschaft, der Pfad führt durch weites Hochmoor. Der Blick ist frei auf den silbern glänzenden Schneegipfel des Kibo und die dunklen Zacken des Mawenzi. Der Weg ist bequem, mit nur geringer Steigung. Der Boden wird felsiger, die Vegetation karger.

MARCO POLO HIGHLIGHTS

★ Amboseli
Wildbeobachtung vor der grandiosen Kulisse des Kilimandscharo (Seite 68)

★ Kilimandscharo
Ausflug über die Grenze nach Tansania und Aufstieg zum „Berg des bösen Geistes" (Seite 69)

★ Masai Mara
Beste Fotomotive: Löwen, Leoparden, Büffel, Elefanten (Seite 70)

★ Tsavo
Beobachten Sie im Tsavo-Nationalpark das Wasserballett der Flusspferde (Seite 72)

Die Höhe macht sich bemerkbar. Die zweite Nacht wird in der *Horombo-Hütte* verbracht, in 3750 m Höhe.

In bitterer Kälte geht's am nächsten Morgen zur vorletzten Etappe, durch eine typische Höhenvegetation. Die Atemluft wird knapper. Wenn sich Kopfschmerzen und Übelkeit einstellen, sollte man den Aufstieg abbrechen. 5–6 Stunden dauert es bis zur letzten, der *Kibo-Hütte*, direkt am Fuße des Kibo – in 4700 m Höhe. In sternenklarer Nacht, um 1 Uhr morgens, beginnt die letzte Etappe: Immer mühsamer wird der Weg. Nach 3 Stunden ist die *Hans-Meyer-Höhe* erreicht, benannt nach dem ersten Europäer, der die Höhe 1889 erklomm, nach weiteren 4 Stunden der Kraterrand am *Gillman's Point.* Der Sonnenaufgang und der Blick über die Eis- und Schneefelder des Kraters entschädigen für die Strapazen. Der Abstieg ist mühelos, 7 Stunden bis zur Horombo-Hütte.

Die beste Jahreszeit für eine Besteigung und zugleich Hochsaison ist Dez.–Feb. und Juli/Aug. Die Tour kann über Agenturen in Nairobi oder bei einer der beiden hier empfohlenen Adressen gebucht werden: *Keys Hotel* (*Uru Road | Moshi | Tel. 0025527/275 22 50 | www.keys-hotels.com)* oder *Chagga Tours (Chagga Street | Moshi | Tel. 0025527/275 13 18 | www.chagga-tours.com)*. Hier gibt es auch deutsche Bergführer.

>LOW BUDGET

> Als Alternative zu den teuren Lodges unterhält die Naturschutzbehörde KWS in vielen Parks einfache Zelt- oder Hüttencamps (mit sanitären Anlagen) sowie komfortable Gästehäuser, in denen man zu moderaten Preisen übernachten kann. Die Anreise muss man selbst organisieren (per Kleinbus oder Taxi) und Lebensmittel, Getränke, Handtücher und Schlafsäcke mitbringen. Empfehlenswert: *Tusk Camp* und *Kiandongoro Fishing Lodge* im Aberdare National Park, *Saltlick Special Campsites* am Mount Elgon sowie *Lake Jipe Bandas* und *Kitani Safari Camp* in Tsavo West. *Auskunft und Buchung: KWS Tourism Department | Nairobi | Tel. 020/60 08 00 | www.kws.org*

MASAI MARA

[119 D3–4, E4] ★ **Wenn es trocken wird und der letzte grüne Halm verdorrt ist, sammeln sie sich: Hunderttausende von Weißbartgnus und Zebras, um in einem endlosen Zug weiterzuwandern, dorthin, wo es noch Wasser und Weideplätze gibt.** Insider Tipp Ein Schauspiel, das sich jedes Jahr wiederholt. Im April formiert sich die erste Marschkolonne auf tansanischer Seite, in der Serengeti-Ebene. Gewöhnlich erreicht der Zug Anfang Juli die Masai Mara. Ende September sammeln sie sich erneut zur Wanderung, die sie wieder in die Serengeti zurückführt. Eine grandiose Szene: die Savanne bis zum Horizont ein wogendes Meer aus Gnuleibern. Die größte Chance, die Migration beobachten zu können, besteht von August bis Oktober. 3 Mio. Tiere, so schätzen die Experten, bevölkern die Masai Mara, den eindrucksvollsten Nationalpark Kenias. Wer die *Big Five* (Elefant, Nashorn, Büffel, Löwe, Leopard) vor die Kamera bekommen möchte: In diesem Nationalpark bestehen die besten Chancen. *Parkeintritt ca. 40 US$*

LODGES

BASECAMP MARA

Voll ökologisches Camp mit Sonnenkollektoren, Komposttoiletten und vollem Komfort. Die Zelte mit Holzbalkonen haben angeschlossene Duschen unter dem Sternenhimmel. *18 Zi. | Tel. 020/57 74 90 | www.basecampexplorer.com | €€*

Insider Tipp MARA BUSHTOPS

Luxuriöser kann eine Safari nicht sein: Die riesigen Zelte mit ihrer großzügigen Veranda (eigener Pool inklusive) sind so gemütlich, dass man gut den ganzen Tag hier verbringen könnte. Wenn die Sonne untergeht, locken der Sundowner am Lagerfeuer und danach ein Dinner à la carte plus Wein aus dem eigenen Weinkeller. *12 Zi. | Tel. 020/53 39 98 | www.privatesafaris.co.ke | €€€*

MARA SERENA

Die als kleine Häuschen entlang einer Dorfstraße gestalteten Zimmer haben allesamt Mara-Blick. Mit Glück lassen sich von hier die Gnuherden beobachten, wie sie den nahen Mara-Fluss queren. *76 Zi. | Tel. 050/222 53 | www.serenahotels.com | €€*

Eine Löwin streift durch die Steppe der Masai Mara

MARA SIRIA Insider Tipp

Der Blick vom Frühstückstisch hinab auf den Mara-Fluss ist schlicht atemberaubend, die Lage des Camps am Rand des Siria-Plateaus genau über dem Reservat einmalig. Den Titel „ökologisches Luxuscamp“ nehmen die deutschen Betreiber ernst: Der

Komfort ist hoch, der Fußabdruck, den die Gäste hier in der Wildnis hinterlassen, minimal. *14 Zi.* | *Tel. 0733/58 25 62, 020/712 22 54* | *www.mara-siria-camp.com* | €€€

Im Heißluftballon über die Masai Mara

ZELTPLÄTZE

Fürs kleine Budget gibt's einfache, aber zünftige Camps, z.B. in der Nähe des *Talek Gates*, außerhalb des Parks. Buchung über *Game Trackers (S. 106)*.

AUSFLUG

Insider Tipp

IM HEISSLUFTBALLON ÜBER DIE MASAI MARA

Ein kostspieliges, aber besonderes Erlebnis: Es ist noch dunkel, wenn die Passagiere in die Körbe und in die Höhe steigen. Unten galoppieren Gnus, stampfen Büffel. In sicherer Höhe werden Elefanten überflogen. Mitten in der Wildnis landet der Ballon. Wenig später kommen Landrover, wird eine Tafel aufgebaut, das Frühstück serviert. Buchung über die Lodges oder im Reisebüro in Nairobi. *3 Std. ca. 400 Euro/Person*

TSAVO

[122–123 C–D 4–6, 127 D–E 1–4] ★

Links und rechts der Hauptstraße A 109 von Nairobi nach Mombasa liegt der größte Nationalpark Kenias: Tsavo, unterteilt in Tsavo East und Tsavo West. Weite Savanne, sanft ansteigende Hügel, roter Lateritboden, grüne Akazienwälder, ein Flusslauf, das Ufer mit Palmen gesäumt. Felsschluchten, Vulkankegel – und am Horizont der Kilimandscharo. *Parkeintritt ca. 50 US$ (jeweils für Tsavo East und Tsavo West)*

SEHENSWERTES

TSAVO WEST [127 D–E 1–4]

Landschaftlich reizvoll und zur Tierbeobachtung gut geeignet sind die *Mzima Springs* (Insider Tipp), ein Gletschersee mit klarem Wasser, in dem u.a. Krokodile und Flusspferde leben. Man kann sie von einem Unterwassertank aus durch Glas beobachten. Nicht weit entfernt: das *Ngulia Rhino Sanctuary* (Insider Tipp), wo die gut 100 letzten Nashörner des Parks in einem bewachten Areal gehalten werden. Der ausgeschilderte *Shetani Lava Flow* (*Shetani* heißt Teufel) zeigt die Überreste eines Vulkanausbruchs vor 200 Jahren.

NATIONALPARKS

Freund oder Feind? Aufmerksame Impala-Antilopen im Nationalpark Tsavo East

TSAVO EAST [122–123, 128 A–C 1–3]
Tsavo East ist riesig, Wildtiere leben hier weit verstreut. Dafür ist die Landschaft phantastisch. Schöne Ziele auf einem Gamedrive sind die bizarren *Lugard Falls* und *Crocodile Point,* ein Aussichtspunkt, von dem man Krokodile und Nilpferde beobachten kann. Viele Tiere gibt es auch am Aruba-Damm oder am Wasserloch nahe der *Voi Wildlife Lodge* zu sehen.

LODGES

FINCH HATTON'S
Das Luxuscamp liegt mitten im Busch, im Nordwesten des Parks, mit Blick auf den Kilimandscharo. 35 luxuriöse Zelte. *Tsavo West | Tel. 020/351 83 49 | www.finchhattons.com | €€€*

Insider Tipp **GALDESSA CAMP**
Ein Buschcamp der Extraklasse mit erstklassiger Lage am Galdessa-Fluss. Die Gegend rund ums Camp gilt als eine der tierreichsten in Tsavo East. *15 Zi. | Tel. 040/320 26 30 | www.galdessa.com | €€€*

KILAGUNI SERENA LODGE
Schön gelegene Lodge, von der Terrasse Blick auf Chyulu Hills und den Kili. *Tsavo West | Tel. 0734/69 98 65 | www.serena-hotels.com | €€*

ZIEL IN DER UMGEBUNG

CHYULU HILLS [122 A 5–6] Insider Tipp
Eine magische Landschaft aus erkalteter Lava und Überresten erloschener Vulkane, dazwischen die von Hemingway berühmt gemachten „grünen Hügel Afrikas“: Die wenig besuchten Chyulu Hills, eine der jüngsten Bergketten der Welt, bestechen durch ihre unberührte Natur, die man sich – in Begleitung eines Rangers – erwandern kann. Kletterer können zudem die vom Tageslicht kaum beleuchteten Kanäle erkunden, die die Lavaströme hinterlassen haben. Das rustikale *Umani Springs Camp (8 Zi. | Tel. 020/444 71 51 | €)* ist eine perfekte Ausgangsbasis. Nahe am Park ist auch das *Campi ya Kanzi,* eine traumhaft ausgestattete Exklusivlodge mit eigenem Reservat *(8 Zi. | Tel. 0720/46 13 00 | www.maasai.com | €€€). Parkeintritt 50 US$*

> VULKANKEGEL & FLAMINGOSEE

Der Ostafrikanische Grabenbruch – auf der Sohle eine Kette von Seen, an den Schultern die höchsten Berge Kenias

> Das Rift Valley, der große Grabenbruch, zieht sich über 6000 km vom Toten Meer bis nach Mosambik. Seit gut 18 Mio. Jahren bewegen sich hier zwei Landmassen auseinander – die Folge ist vulkanische Aktivität, die im Rift Valley bis heute anhält.

Der fast 500 km lange Graben verläuft von Norden nach Süden und teilt so Kenia in Westen und Osten. Im Rift Valley liegen Kenias große Seen. Die meisten sind mit alkalischer Lauge anstatt mit Frischwasser gefüllt. Malerische Vulkankegel erheben sich aus der Ebene der Grabensohle, in eine Kette von sieben Seen eingebettet, jeder ein Vogelparadies. An den Schultern des Grabenbruchs ragen der höchste Berg Kenias, der von Gletscherfeldern bedeckte Mount Kenya, sowie die Aberdares, eine bizarre Berglandschaft mit Bambuswäldern und Hochmooren, auf. Einen eindrucksvollen Blick auf das Rift

Bild: Mount Kenya

RIFT VALLEY NORDEN

Valley bieten die Ngong Hills am Stadtrand Nairobis und eine Fahrt von Kenias Metropole in Richtung Naivasha. Nach 50 km kann man an einem Aussichtspunkt parken. Gut 1000 m fällt hier der Ostrand des Rift Valleys ab; es öffnet sich ein überwältigendes Panorama über die ganze Breite des Grabens, über 50 km hinüber zum westlichen Rand. Tief unten liegt das Weideland der Massai.

ABERDARES

[116 C3–5] ★ **Auf einer Länge von 70 km bildet die Bergkette der Aberdares den Ostrand des Ostafrikanischen Grabenbruchs – eine grandiose Berglandschaft mit bis zu 4000 m hohen Vulkangipfeln.** Die Hänge sind mit Regenwald und meterhohem Bambus bedeckt. In wilden Schluchten rauschen Wasserfälle, 300 m stürzen die *Gura Falls* in die Tiefe. Auf den Hochmooren wachsen

Riesenlobelien. Die dichten Wälder waren in den 1950er-Jahren Schlupfwinkel der gegen die Briten rebellierenden Mau-Mau-Kämpfer. Um den Aberdare National Park auf eigene Faust zu erkunden, ist ein Geländewagen erforderlich. Schon ein kurzer Regenfall verwandelt den Boden in den gefürchteten *black cotton soil* – in Schmierseife, auf der man keinen Halt findet. Bei anhaltendem Regen

Lebensmittelgeschäft im Norden

wird die Zufahrt meist gesperrt. Vorsicht vor Löwen! Wer den Park zu Fuß erkunden will, muss am Eingang eine Genehmigung einholen. Eine bewaffnete Begleitung ist Voraussetzung *(ca. 8 Euro pro Tag). Parkeintritt ca. 50 US$*

LODGES

THE ARK

Ideal, um das Wild der Aberdares zu beobachten. Die Chancen, an der abends angestrahlten Wasserstelle Elefanten, Büffel oder Nashörner zu sehen, sind gut. *60 Zi. | keine Kinder unter 7 Jahren | Tel. 020/ 34 03 31* | €€

FISHING LODGE

Insider Tipp

Bandas für Selbstversorger über einem murmelnden Fluss; die Ranger helfen beim Besorgen des Feuerholzes. Einzige Ausgangsbasis, um mehr vom Park zu sehen. *6 Zi. | Tel. 020/ 60 08 00 | www.kws.org* | €

TREETOPS

Berühmtes „Baumhotel" und beliebte Filmkulisse. Reger Wildbesuch an der nächtlichen Tränke im Scheinwerferlicht. *73 Zi. | keine Kinder unter 7 Jahren | Tel. 061/203 49 14 | www.aberdaresafarihotels.com* | €€€

LAKE BARINGO

[116 A1] Wissenschaftlern gibt er noch immer Rätsel auf. Anders als die Mehrzahl der anderen Seen auf der Sohle des Afrikanischen Grabens ist der Baringo ein Süßwassersee, obwohl er keinen (sichtbaren) Abfluss hat. Er ist leicht zugänglich und damit ideal zur Vogelbeobachtung. Ob Löffler und Ibisse, Fischadler, Kronenkraniche, Zwergfischer, Eisvögel und Bienenfresser – Ornithologen zählten über 450 Arten, die an den Ufern des Sees heimisch sind. Darüber hinaus gibt es Flusspferde und Krokodile. In den vergangenen Jahren hat sich das Wasser immer weiter zurückgezogen. Umweltschützer machen die hohe Wasserentnahme für die Landwirtschaft und die Erosion umliegender Felder dafür verantwortlich. Wegen Überfischung ist zudem die Zahl der Fische dramatisch zurückgegangen. Von *Kampi ya Samaki* (Suaheli für „Fischcamp") aus kann man Kanufahrten auf dem See organisieren *(Preis ca. 30 Euro pro Stunde).*

RIFT VALLEY/NORDEN

Weiter Blick ins Land der Samburu: Savanne am Großen Grabenbruch

LODGES

ISLAND CAMP

Luxuscamp auf der Ol-Kokwe-Insel. 25 Zelte mit Dusche und WC. Fähre von Kampi ya Samaki. *Tel. 0735/ 91 98 78* | *www.island-camp.com* | €€

ROBERT'S CAMP

Entspanntes Budgetcamp mit gemütlichen Bandas gleich am Seeufer. Nachts kommen hier Hippos und Krokodile an Land. *7 Zi.* | *Tel. 0722/ 20 77 72* | *www.robertscamp.com* | €

Insider Tipp **SAMATIAN ISLAND**

Die fünf offenen Cottages mit Blick auf den See auf dieser kleinen Insel im Baringosee garantieren ein ganz privates Safarierlebnis. Dazu Pool, Massagen und Bootsausflüge auf den See und zu nahen Fischerdörfern. *5 Zi.* | *Tel. 020/211 54 53* | *www.samatianislandlodge.com* | €€€

LAKE BOGORIA

[116 A2] **Aus schroffem Gestein zischen Dampfsäulen empor, der Boden unter der Schuhsohle ist heiß; eine tiefblaue Wasserfläche, in Ufernähe gesäumt von Tausenden von Flamingos:** Das ist die surreale Szenerie des Lake Bogoria, in der Talsohle des Rift Valley, 50 km von Nakuru. Auf dem West-

MARCO POLO HIGHLIGHTS

★ **Aberdares**
Dichter Urwald, meterhoher Bambus, rauschende Wasserfälle (Seite 75)

★ **Lake Nakuru**
Akazienwälder säumen das Ufer des von Flamingos bevölkerten Sees (Seite 80)

★ **Meru-Nationalpark**
Wildtiere in Savannen und Flusswäldern beobachten (Seite 80)

★ **Mount Kenya**
Der Aufstieg zum Lenana-Gipfel ist auch Nicht-Bergsteigern möglich (Seite 81)

★ **Samburu**
Kenias wüster Norden ist eine Reise wert (Seite 82)

★ **Kamelsafari im Samburuland**
Auf dem Kamelrücken durch das urwüchsige Land der Samburu (Seite 83)

ufer speien Geysire in Abständen heißes Wasser in die Luft. In den Akazienwäldern am Ufer grasen Kudus. Wer zu den Geysiren wandert, sollte Umsicht walten lassen: Der Boden ist rutschig und schlammig, das brühend heiße Wasser kann binnen Sekunden schwere Verbrennungen hervorrufen. Besonders bizarr ist das Ostufer des Sees, wo sich die über 600 m hohen *Sirado-Klippen* erheben. *Parkeintritt: ca. 20 Euro*

ÜBERNACHTEN

LAKE BOGORIA SPA RESORT

Außerhalb des Parks, beim nördlichen Eingang Loboi Gate. Der Pool wird von heißen Quellen gespeist. *90 Betten (Zi./Cottages) | Tel. 051/ 221 68 67 | www.bogoriaspa-resort.com* | €€

LAKE MAGADI

[120 B3] Anderthalb Autostunden südwestlich von Nairobi liegt der zweitgrößte Sodasee der Welt. Die Fahrt führt auf die Südhänge der Ngong Hills, dann steil hinunter ins Rift Valley mit reizvollen Ausblicken. Je tiefer man kommt, desto heißer wird es, desto unwirklicher wird die Landschaft. Auf halber Strecke befindet sich die prähistorische Fundstelle von *Olorgasailie* Insider Tipp wo Mary und Louis Leakey bereits in den 1940er-Jahren sensationelle Überreste und Werkzeuge des Homo erectus fanden. Bis heute wird hier gegraben, die Arbeit kann man von einem Steg aus beobachten. Das Museum ist sehenswert. Weiter Richtung Süden stehen nur noch vereinzelt Massai-Siedlungen. Dann sehen Sie

Grüße aus der Unterwelt: Geysire am Lake Bogoria

schon aus der Ferne die wie Schnee glänzende Oberfläche des Sees in flimmernder Luft. Es ist bei 40 Grad Celsius eine der heißesten Gegenden Kenias. Der See ohne Abfluss ist eine riesige Verdunstungspfanne. In allen Farben leuchtet die Salzkruste: Soda und Natriumkarbonat. Der Abbau ist ein einträgliches Geschäft. Man kann über einen Damm auf die andere Seite oder auf einer Piste am Ufer entlang zum südlichen Teil des Sees fahren. Dort öffnet sich eine Wasserfläche, bevölkert von Pelikanen und Flamingos. Nächste Unterkunft ist die edle *Shompole Lodge* im anderthalb Stunden entfernten Nguruman-Escarpment *(8 Zi. | Tel. 020/88 41 35 | www.shompole.com | €€€)*. Die offenen Zelte sind in die Granitfelsen integriert – näher zur Natur kann man nicht sein.

LAKE NAIVASHA

[116 B5] **Eine knappe Stunde Fahrt von Nairobi entfernt und auf bequemer Asphaltstraße leicht erreichbar liegt der Naivasha-See.** Er ist einer der zwei Süßwasserseen im Ostafrikanischen Grabenbruch. Ein ideales Ziel für einen Tagesausflug, mit der Möglichkeit zum Angeln, Segeln oder Wasserskilaufen. Schilf und Papyrus säumen das Ufer. Im Wasser leben Flusspferde und Krokodile. Der See ist zudem ein Vogelparadies mit mehr als 400 verschiedenen Arten. Der fruchtbare vulkanische Boden und das Wasser des Sees haben an seinen Ufern Gemüse- und Blumenplantagen entstehen lassen.

SEHENSWERTES

CRESCENT ISLAND UND ELSAMERE

Lohnenswert ist eine Bootsfahrt (vom Naivasha Country Club) zu Crescent Island, einer kleinen Insel – geologisch gesehen der Kraterrand eines Vulkans –, auf der man ungefährdet auf einem Spaziergang Gazellen und Wasserböcke beobachten kann. In den Bäumen nisten Fischadler. Vorsicht ist allerdings bei den Flusspferden angebracht: Sie schätzen es gar nicht, wenn man ihnen beim Landgang in die Quere gerät. Für Leser und Bewunderer von Joy Adamson: *Elsamere*, das Anwesen, in dem die Adamsons einst die Löwin Elsa aufzogen, ist Besuchern zugänglich, dann wird hier High Tea serviert *(wenige Kilometer hinter Fisherman's Camp | tgl. 15–18 Uhr | Eintritt ca. 4 Euro)*.

HELL'S GATE NATIONAL PARK

Hell's Gate ist einer der wenigen Nationalparks in Kenia, den man ohne Ranger zu Fuß erkunden kann. Besonders lohnend: der ausgeschilderte Wanderweg durch eine malerische Schlucht zum 25 m hohen Vulkankegel *Fischer's Tower*, der nach einem deutschen Entdecker benannt ist. *Parkeintritt: 25 US$*

ÜBERNACHTEN

OLERAI HOUSE

Insider Tipp

Das Heim des Elefantenforscher-Ehepaars Douglas-Hamilton (s. auch Samburu) mit bunten, individualistischen Zimmern und einer der besten Küchen des Landes. Beim Lunch im ausladenden Garten laufen Zebras vorbei. *5 Zi. | Tel. 020/89 11 12 | www.olerai.com | €€€*

LAKE NAIVASHA COUNTRY CLUB
Schöne Anlage, Bungalows unter Schirmakazien, Pool am See. Lohnt sich auch zum Essen. Das älteste Hotel am See war einst Kenias einziger Flughafen, damals landeten Wasserflugzeuge auf dem Weg nach Südafrika hier zwischen. *51 Zi. | Tel. 020/88 34 10* | €

LAKE NAKURU

[116 A4] ★ **Gut zwei Autostunden von Nairobi entfernt liegt einer von Kenias beliebtesten Nationalparks. Lake Nakuru ist als Vogelparadies berühmt.** Tausende von rosa Flamingos bevölkern die Wasserfläche, neben Pelikanen und Kormoranen, Reihern, Marabus und Ibissen. In den Akazienwäldern am Ufer, in denen man ungefährdet spazieren gehen kann, leben Wasserböcke. Wegen der intensiven Landwirtschaft in der Region schrumpft der See stetig: Zeitweise muss die Nationalparkbehörde Wasser zupumpen. *Parkeintritt 60 US$*

>LOW BUDGET

- > Am Lake Naivasha bietet *Fisherman's Camp* preiswerte Unterkunft. Das Camp (Zeltplatz, 7 Bandas, ein Cottage) ist einfach, liegt aber in bevorzugter Lage direkt am See. *Moi South Lake Road | Tel. 0726/87 05 90*
- > Die *Murera Bandas* im Meru-Nationalpark sind mit ca. 50 Euro pro Hütte für bis zu vier Personen die mit Abstand günstigste Unterkunft im Park. Bettzeug wird gestellt, den Rest muss man mitbringen. *Tel. 020/ 60 08 00 | www.kws.org*

ÜBERNACHTEN

MAILI SABA Insider Tipp
Gemütliche Bandas mit Panoramablick in den Menengai-Krater, an dessen Rand das Camp liegt. Der Nationalpark ist nur 20 Min. entfernt. *10 Zi. | Tel. 050/508 45 | www.mailisabacamp.com* | €

SAROVA LION HILL LODGE
Etwas betagte, aber sympathische Herberge im Park mit Pool, Bar und Restaurant. *67 Zi. | Tel. 020/271 44 44 | www.sarovahotels.com* | €€

ZIEL IN DER UMGEBUNG

LAKE ELMENTAITA [116 B4]
Der wenig besuchte Sodasee liegt 30 km südöstlich von Nakuru eingebettet in eine schöne Parklandschaft. Er ist die Heimat vieler Wasservögel und eine Brutstätte für Flamingos. Ein einmaliges Erlebnis: mit Sonnenaufgang im Heißluftballon über dem Wildreservat Soysambu aufzusteigen (Insider Tipp) und über den See zu fliegen – unter sich die rosa Wolke der Flamingos, am Horizont die Bergkette der Aberdares. *Buchung über Lake Elmentaita Lodge (33 Zi. | Tel. 020/273 36 95* | €).

MERU-NATIONALPARK

[0] ★ **Die Savannen des Meru-Nationalparks sind das vielleicht bestgehütete Safarigeheimnis Kenias: Nachdem in den 1980er-Jahren bewaffnete Banden aus Somalia Elefanten und Nashörner jagten und Besucher vertrieben, kam lange niemand mehr hierher.** Dieser Tage ist der Park nicht nur sicher, sondern wieder voller Wildtiere, die

Karge Vegetation am Mount Kenya

man praktisch für sich alleine hat. Im hohen Gras ist man allerdings auf den Adlerblick der kundigen Führer angewiesen. Sumpflandschaft und dichte Flusswälder ergänzen das reichhaltige Panorama des Parks. *Parkeintritt 50 US$*

LODGES

ELSA'S KOPJE

Lange Zeit die einzige Lodge im Park, und eine der schönsten in ganz Kenia. Auf einem Hügel *(Kopje)* gelegen, auf dem früher Joy und George Adamson Löwen beobachteten, bietet sie einen phantastischen Blick über die weite Savanne. *10 Zi. | Tel. 020/60 40 53 | www.chelipeacock.com* | €€€

Insider Tipp RHINO RIVER CAMP

Neues, in den Wald integriertes Camp in Nachbarschaft des Nashornreservats. Die nur acht Cottages sind aus Naturmaterialien gebaut und lassen keine Wünsche offen. *Tel. 020/386 48 31 | www.rhinorivercamp.com* | €€€

MOUNT KENYA

[117 D–E 3–4] ★ **Der Mount Kenya bietet bei klarem Wetter ein überwältigendes Bild: drei von ewigem Schnee bedeckte Gipfel.** *Batian* ist mit 5199 m der höchste. Dem Volk der Kikuyu gilt der Bergriese als heilig; er ist Wohnsitz ihres Gottes Mwene-Nyaga. Die Besteigung der Hauptgipfel ist eine Sache für erfahrene Bergsteiger. Der Anstieg dauert 4–5 Tage; die Anforderungen entsprechen dem Schwierigkeitsgrad VII. Ohne bergsteigerische Erfahrung in 3–4 Tagen zu bewältigen ist der *Lenana-Gipfel*, mit 4985 m Höhe. Eine gute Kondition sollte man aber haben. Die beste Jahreszeit ist Januar/Februar und Juli bis September. In den anderen Monaten kann es heftig regnen. Aus Sicherheitsgründen ist der Aufstieg nur in Begleitung eines Bergführers erlaubt. Da Schlafsack und Lebensmittel mitgenommen werden müssen, empfiehlt sich zudem ein Träger. Am besten, man bucht Guide, Porter und Übernachtung in der *Meteorological Station* und im *Mackinder Camp* im Voraus, entweder bei einer Agentur in Nairobi oder in der *Naro Moru River Lodge (35 Zi. | Tel. 062/622 12)*. Ein Träger (max. 16 kg) und ein Führer kosten ab 10 Euro pro Tag. Die Lodge verleiht auch Ausrüstung. *Parkeintritt 55, für drei Tage 150 US$*

Ausgangspunkt ist *Naro Moru* [117 D3], 190 km von Nairobi. Man fährt im Geländewagen bis auf 3000 m hinauf zur *Meteorological Station*. Die Landschaft ist reizvoll: Auf hohen Bambuswald folgt tropischer Regenwald. In den Hütten der Met-Station verbringen Sie die erste

Nacht. Dann geht's um 7 Uhr am nächsten Morgen weiter. Ein 5- bis 7-stündiger Fußmarsch führt ins Teleki Valley mit dem Blick auf die silbernen Gipfel des Mount Kenya. Letzte Übernachtung dann in einem festen

Elefanten im Nationalreservat Samburu kühlen sich mit einer Staubdusche ab

Gebäude im *Mackinder's Camp* (4200 m). Gegen 4 Uhr morgens beginnt die letzte Etappe: durch eine hochalpine Landschaft, vorbei an der *Austrian Hut*, zum Ziel, dem *Point Lenana* in 4985 m Höhe. Der Sonnenaufgang ist ein grandioses Schauspiel, das allein die Mühe lohnt. Für den Abstieg zur Met Station sollte man noch einmal 6 Stunden rechnen.

SAMBURU

[117 E–F 1] ★ **Flimmernde Hitze liegt über der staubigen Piste, am Rand stehen mehrere *Dukas*, kleine Läden, die fast ausschließlich von geschäftstüchtigen Somalis betrieben werden.** Hier im Land der Samburu beginnt der wüste Norden Kenias, der Heimat zahlreicher noch urtümlich lebender, nomadischer Stämme ist und mehr als nur einen Hauch von Wildwest verbreitet. „Nördlicher Grenzdistrikt" wird die Gegend bis heute von vielen Kenianer genannt, und wer im Norden lebt, der sagt vor der Abreise nach Nairobi: „Ich fahre nach Kenia."

Jenseits der Hauptstraße, die nach Norden bis zur äthiopischen Grenze führt, liegen die Nationalreservate *Samburu, Buffalo Springs* und *Shaba (40 US$,* eine Eintrittskarte gilt für alle Parks zusammen), die zu den beeindruckendsten Safari-Zielen Kenias gehören. Am Ufer des Ewaso-

Nyiro-Flusses, der nur zeitweise Wasser führt, erstreckt sich eine surreale Landschaft aus weißem Staub und kargen Dornbüschen. Hier leben einige Tiere, die es nirgends sonst in Kenia gibt: fein zisellierte Grevy-Zebras, auf den Hinterbeinen grasende Gerenuks und Netzgiraffen. Auch Leoparden sind hier besonders gut zu beobachten.

ÜBERNACHTEN

Insider Tipp

ELEPHANT WATCH CAMP

Exklusives Ökocamp. Gleich nebenan arbeiten Kenias bekannteste Elefantenforscher, Oria und Iain Douglas-Hamilton. Die Tiere treiben sich die meiste Zeit in Blickweite der beduinenartig gestalteten Zelte herum. *5 Zi. | Samburu | Tel. 020/ 89 11 12 | www.elephantwatchsafaris.com | €€€*

Insider Tipp

JOY'S CAMP

Hier ließ die Biologin Joy Adamson („Frei geboren") vor mehr als 30 Jahren eine Waisenleopardin frei, die sie zuvor an die Wildnis gewöhnt hatte. Entsprechend in die Natur integriert ist *Joy's Camp:* die offenen Zelte gehen fließend in die schroffe Landschaft des nördlichen Shaba-Reservats über, selbst der Pool sieht aus, als wäre er eine natürliche Wasserstelle. *10 Zi. | Shaba | Tel. 020/60 40 53 | www.joyscamp.com | €€€*

SAMBURU SERENA

Im örtlichen Samburu-Stil gestaltete Cottages direkt am Ufer des Ewaso-Nyiro-Flusses mit allem Komfort. *62 Zi. | Tel. 064/308 00 | www.serenahotels.com | €€*

ZIELE IN DER UMGEBUNG

KAMELSAFARI IM SAMBURULAND ★ [117 E1]

Besser als auf einer Wanderung mit Kamelen lässt sich der Norden Kenias nicht erleben. Kundige Samburukrieger führen durch unwegsame Dornensavanne und Wüste und weihen in die Geheimnisse des Überlebens in dieser unwirtlichen Gegend ein. Je nach Preisklasse übernachten Sie am Lagerfeuer im Schlafsack oder in einem mehr oder weniger luxuriösen Zelt. Für eine Woche Safari muss man mindestens 1500 Euro pro Kopf rechnen – je mehr Teilnehmer, desto günstiger. Gute Ausgangspunkte und Organisatoren sind das *Sabuk-Camp* im Norden Laikipias *(7 Zi. | Tel. 020/ 60 40 53 | www.chelipeacock.com | €€€)* und das entlegene *Desert Rose in South Horr* (Insider Tipp) *(5 Zi. | Tel. 020/ 3864831 | www.desertrosekenya.com | €€€),* ein traumhaftes, in den Hang des heiligen Berges Nyiru eingebettetes Camp. Günstige Optionen bietet *Let's Go Travel* in Nairobi *(siehe „Praktische Hinweise").*

MATTHEWS RANGE [0]

Die 150 km lange Bergkette der Matthews Range erhebt sich wie ein Garten Eden aus der tristen Wüste nördlich des Samburu-Reservats. In den dichten Wäldern entlang eines Flusses leben Elefanten, Leoparden und eine schier unglaubliche Menge an Schmetterlingsarten. Das luxuriöse *Kitich Camp* (Insider Tipp) *(6 Zelte | Tel. 020/ 60 40 53 | www.chelipeacock.com | €€€)* ist Ausgangspunkt für Waldwanderungen, Schwimmausflüge zu einem der glasklaren Bergseen oder Besuche in nahen Samburu-Dörfern.

> AM VICTORIA-SEE

Der größte Süßwassersee Afrikas ist die Hauptquelle, aus der sich der Nil speist. Am Ufer leben die Luo, die „Fischesser"

> Der Westen Kenias gehört zu den selten besuchten Regionen des Landes. Zu Unrecht. Es ist eine kontrastreiche, reizvolle Landschaft: fruchtbares Farmland, satt-grüne Teeplantagen bei Kericho, tropischer Regenwald in der Kakamega Forest Reserve, ein nahezu unberührter Nationalpark, der Mount Elgon an der Grenze zu Uganda – und der Victoria-See, der größte Süßwassersee Afrikas.
Er erstreckt sich über Kenias Grenze hinweg nach Tansania und Uganda und umfasst eine Gesamtfläche von der Größe Bayerns. Den Namen gab ihm der erste Europäer, der auf der Suche nach den Quellen des Nils an seine Ufer kam: der Engländer John H. Speke. Er widmete die „Entdeckung" seiner Königin Victoria. Die Seeregion ist die Heimat des viertgrößten Stammes Kenias, der Luo, was so viel heißt wie „Fischesser". Fischfang ist neben der Rinderzucht für viele in den Orten am See noch

Bild: Am Ufer des Victoria-Sees werden Fische getrocknet

DER WESTEN

immer die Lebensgrundlage. Die Fischerdörfer sind nur über kleine Pisten zu erreichen und ihre Bewohner zumeist abgeschnitten von der Zivilisation – tief verwurzelt in Glaube und Kultur der Vorväter. Hier muss jeder Mann, auch wenn er im fernen Nairobi stirbt, zurücktransportiert und dort begraben werden, wo er geboren wurde – wenn nicht, wird sein Geist die Familie verfolgen. Eine Warnung: Baden Sie nicht im See, das Wasser ist an vielen Stellen mit Bilharziose-Parasiten verseucht. Auch die Malariagefahr ist hier sehr hoch: auf lange Ärmel achten, mit Mückenschutz einreiben und gegebenenfalls Prophylaxe nehmen!

KERICHO

[115 E6] **Im Herzen des Teeanbaugebietes bestimmt das satte Grün der Plantagen das Bild der Gegend.** Klima und Boden sind hier ideal für die Teepflanzen, die 1903 von einem britischen Farmer in Kenia eingeführt wurden. Heute werden mit Tee 30 Prozent der

Teeernte auf einer Plantage bei Kericho

Exporteinnahmen Kenias erwirtschaftet.

ÜBERNACHTEN

TEA HOTEL

Altes Hotel im englischen Landhausstil in einer prächtigen Gartenanlage. Für Interessierte vermittelt die Rezeption den Besuch des *Tea Research Institute. 45 Zi. | Tel. 052/300 04 | €*

KISUMU

[114 C5] **Kisumu ist mit nahezu einer halben Million Einwohner die drittgrößte Stadt des Landes, direkt am Kavirondo-Golf des Victoria-Sees gelegen.** Sie entstand sie in der britischen Kolonialzeit, im Jahre 1901, als die letzten Schienen der Eisenbahnlinie hier verlegt wurden, die Kenia mit Uganda verbinden sollte. „Port Florence" hieß es damals. Mit der Bahn und der günstigen Lage am See wurde die Stadt bald zur Drehscheibe des Warenverkehrs der Region, eine blühende Handelsmetropole. Die „Gastarbeiter" aus Indien, die von der Kolonialmacht für den Eisenbahnbau nach Kenia geholt worden waren, sind geblieben. Von den Unruhen Ende 2008 war Kisumu besonders betroffen. Viele Geschäfte und Wohnhäuser wurden geplündert und niedergebrannt. Das Leben geht inzwischen aber wieder seinen gewohnten Gang.

Die Hauptstraße Kisumus ist die Oginga Odinga Road, dort findet man Geschäfte, Wechselstuben und ein Postamt. Bunt und lebhaft geht es auf dem Markt am Jomo Kenyatta Highway zu.

SEHENSWERTES

Insider Tipp

IMPALA SANCTUARY

Kleiner Park am Rand des Victoria-Sees, der Spaziergängern eine erholsame Verschnaufpause von der lauten Stadt bietet. Im Park laufen Impalas frei herum, im nahen *Kiboko Bay Resort* kann man den schönen Blick auf den See genießen. *Parkeintritt 15 US$*

KISUMU MUSEUM

Das kleine Haus zeigt eine ausgezeichnete Sammlung und Ausstellung über Kultur und Alltag kenianischer Volksgruppen, insbesondere der Luo, sowie zur Tierwelt der Seeregion. *Tgl. 8.30–18 Uhr | Nairobi Road | Eintritt ca. 5 Euro*

ÜBERNACHTEN

IMPERIAL HOTEL

Viel Plüsch und 70er-Jahre-Charme, aber immer noch das erste Haus am Platz. *120 Zi. | Jomo Kenyatta Highway | Tel. 057/202 22 11 | www.imperialkisumu.com* | €

SUNSET HOTEL

Fünfstöckiges ehemaliges Staatshotel mit Blick auf den See. *50 Zi. | Jomo Kenyatta Highway | Tel. 057/202 21 74* | €

AM ABEND

OCTOPUS BOTTOMS-UP-CLUB ▶▶

Beliebter Treffpunkt ist diese Diskothek, in der es besonders am Wochenende bis in die Morgenstunden recht lebhaft zugeht. *Ogada Street*

ZIELE IN DER UMGEBUNG

HIPPO POINT [114 C5]

Der beste Platz, um das grandiose Schauspiel des Sonnenuntergangs über dem See zu bewundern. Die Terrasse des kleinen Restaurants liegt direkt am Seeufer, südlich der Stadt, beim Sunset Hotel. Hippo Point heißt so, weil sich hier abends gelegentlich Flusspferde einfinden.

KAKAMEGA ★ [114 C4]

48 km nördlich von Kisumu befindet sich die *Kakamega Forest Reserve (Eintritt ca. 20 US$)*, ein Schutzgebiet für den letzten Rest eines tropischen Regenwaldes, der sich ursprünglich vom Kongobecken bis nach Kenia erstreckte. Neben den Baumriesen selbst bietet das Gebiet vielen selten gewordenen Tiere

MARCO POLO HIGHLIGHTS

★ Kakamega
Hier ist der letzte Rest des westafrikanischen Tropenwaldes zu sehen (Seite 87)

★ Kogelo
Familiengeschichte – auf den Spuren von US-Präsident Obama (Seite 88)

★ Rusinga Island
Die Insel im Victoria-See ist ein Vogelparadies und zugleich die Fundstelle des prähistorischen Proconsul Africanus, der als ein Vorfahr des Homo Sapiens gilt (Seite 88)

Schutz. Die beste Zeit für einen Besuch ist April bis Juli, wenn alles in Blüte steht. Ideale Unterkunft mitten im Kakamega Forest: *Rondo Retreat | 18 Zi.| Tel. 56/302 68* | www.rondoretreat.com | €

KOGELO ★ [114 B4]

Das kleine Dorf Kogelo ist Kenias neueste Touristenattraktion: Hier ist der Vater von US-Präsident Barack Obama geboren und begraben, und Sarah, die Großmutter des Präsidenten, lebt bis heute hier. Die bescheidene Überachtzigjährige bestellt tagsüber ein kleines Maisfeld – wenn nicht gerade wieder eine internationale Delegation vorbeischaut. Um unliebsame Besucher zu vertreiben, hat die Polizei eine Leibgarde an ihrem Tor abgestellt. Zu sehen gibt es vor allem für diese Region typisches Dorfleben und zahllose Schulen, Hütten und Ziegen (!), die nach Obama benannt sind. Wer sich Zeit nimmt und mit den Bewohnern ein Senator-Bier teilt, wird zudem viele Geschichten von Obamas zahlreichen Besuchen in Kogelo zu hören bekommen. Ein Besuch in Kogelo ist von Kisumu aus ein perfekter Tagestrip: Egal, welchen Taxifahrer Sie fragen, den Weg ins gut zwei Stunden entfernte Kogelo kennt mittlerweile jeder.

>LOW BUDGET

- Den besten Fisch Kisumus gibt es am Seeende der Oginga Odinga Road: In einem riesigen, marktähnlichen Areal stehen dicht gedrängt Tische und Bänke, an denen man frischen Tilapia mit Ugali (Maisbrei) und Sukuma (einer Art Mangold) essen kann. Den Fisch suchen Sie sich vor der Zubereitung selbst aus, gegessen wird mit der Hand. Kosten: ca. 500 Shilling (rund 5 Euro).
- Die *Karibuni Lodge* in Kitale ist eines der wenigen Backpacker-Hostels im Westen Kenias und zudem eine gute Ausgangsbasis für Ausflüge zum Mount Elgon und zum Saiwa Swamp. *Zimmer ab ca. 12 Euro | Tel. 0735/57 37 98* | www.karibunikitale.com

RUSINGA ISLAND ★ [114 A6]

Die kleine, dem Ort Mbita vorgelagerte Insel im Victoria-See ist über einen Damm mit dem Festland verbunden *(Entfernung von Kisumu 95 km)*. Den größten Eindruck hinterlassen in diesem Vogelparadies die Fischadler. Die Insel ist ideal zum Fischen. Außerdem befindet sich auf Rusinga eine prähistorische Ausgrabungsstätte. Mary Leakey entdeckte hier den Schädel des Proconsul Africanus, eines Vorfahren des Menschen, der vor ca. 3 Mio. Jahren auf Rusinga lebte. In einem Mausoleum auf der Insel begraben liegt Tom Mboya, ein kenianischer Politiker der ersten Stunde, der im Jahr 1969 in Nairobi ermordet wurde.

Unterkunft (vor allem für Sportfischer zu empfehlen): *Rusinga Island Lodge* (Insider Tipp) *| 7 Zi. | Tel. 020/88 20 28* | www.rusinga.com | €€€

KITALE

[115 D1] Das kleine Städtchen, ursprünglich von weißen Siedlern errichtet, liegt am Fuße des Mount Elgon, eines mächtigen erloschenen Vulkans. Lohnend ist

Wasserfall am Mount Elgon im gleichnamigen Nationalpark

ein Abstecher von Kitale in den *Mount Elgon National Park*, einen der landschaftlich reizvollsten und am wenigsten besuchten Parks Kenias. Da es in der Region zu Auseinandersetzungen zwischen Angehörigen unterschiedlicher Stämme gekommen ist, sollte man sich über die aktuelle Situation informieren. Am einfachsten ist von Kitale aus nach 40 km auf der Straße in Richtung Endebess der Parkeingang *Chorlim Gate* erreichbar. Es empfiehlt sich, dort einen Ranger mitzunehmen, da der Park weitgehend unerschlossen ist. Eine Fußwanderung über Elefantenpfade durch Bambuswald und tropisches Dickicht zur *Kitum Cave* ist abenteuerlich. Diese Höhle wurde zum Teil von Elefanten auf der Suche nach Salz in den Fels getrieben. Noch heute, oft nachts, ist die Salzlecke in der Höhle Treffpunkt der Dickhäuter. *Parkeintritt ca. 25 US$*

Nur eine halbe Stunde Fahrt von Kitale entfernt liegt der *Saiwa Swamp National Park,* Insider Tipp Kenias kleinster Nationalpark. Die einmalige Sumpflandschaft lässt sich bequem zu Fuß erwandern. Von den Pfaden und den vier Aussichtstürmen aus kann man die seltene Sitatunga-Antilope beobachten. *Parkeintritt: 20 US$*

ÜBERNACHTEN

KITALE KLUB

Das Clubhaus des Golfclubs von Kitale aus den 1930er-Jahren versprüht bis heute einen einmaligen, kolonialen Charme. Die 18 Löcher sind bespielbar. *16 Zi. | Eldoret Road | Tel. 054/313 38* | €

> WEISSER BERG UND ROSA FLAMINGOS

Abenteuerfahrten durch Plantagen und Savannen, am Mount Kenya entlang und zum Turkana-See

Die Touren sind auf dem hinteren Umschlag und im Reiseatlas grün markiert

1 RUND UM DEN „WEISSEN BERG"

Die Route führt um die Westflanke des Mount Kenya – über Archer's Post in das Stammesgebiet der Samburu. Benötigte Zeit: zumindest 3 Tage. Der größte Teil der 700 km langen Strecke führt über befestigte Straßen und kann mit einem normalen PKW befahren werden. Wer über Isiolo hinaus bis in den Samburu-Nationalpark will, braucht dafür einen Geländewagen – und sollte die Fahrt nur in der Trockenzeit unternehmen. Wann immer die Strecke durch Regionen jenseits größerer Ortschaften führt, sollten Sie jede Gelegenheit nutzen zu tanken.

Sie verlassen **Nairobi** *(S. 30)* in nordöstlicher Richtung auf der Schnellstraße A2. Der nächste größere Ort, nach 44 km, ist **Thika**. Hier lohnt ein Abstecher zum *Blue Post Hotel*, die Abfahrt von der A2 ist ausgeschildert. Es wurde erbaut, als die ersten weißen Siedler in der Region Fuß fassten.

Bild: Flamingos am Lake Nakuru

AUSFLÜGE & TOUREN

Sehenswert sind der tropische Garten und der Blick auf die Wasserfälle des Chania- und Thika-Flusses.

Die gut ausgebaute Straße führt zwischen den Bergen der Aberdares im Westen und des Mount Kenya im Osten über **Sagana** weiter nach Norden. Sanft geschwungene Hügelketten bestimmen das Landschaftsbild, Kaffeeplantagen wechseln sich mit Sisalpflanzungen ab, dazwischen liegen verstreut auf kupferrotem Lateritboden Rundhütten aus Lehm. Es ist das dicht besiedelte Kernland des größten Volkes Kenias, der Kikuyu.

Wer das Ziel nicht an einem Tag erreichen will, kann 5 km hinter **Karatina** den ausgeschilderten Abzweig D 451 nehmen. Nach ca. 20 km gelangen Sie zur **Serena Mountain Lodge** *(42 Zi. | Tel. 061/203 07 85 | www.serenahotels.com | €€)*: eine Luxuslodge auf Pfählen in über 2000 m Höhe im Wald am Hang des Mount Kenya.

Eine Giraffe sucht in der Samburu National Reserve nach Futter

Ein Elefantenwechsel führt direkt an der Lodge vorbei.

Weiter auf der Strecke, im Nordwesten um **Nyeri**, liegt das ehemals bevorzugte Siedlungsgebiet britischer Farmer, die fruchtbaren „White Highlands“: Weizenfelder bis zum Horizont, riesige Kaffeeplantagen, Rinderfarmen. Mit etwas Glück – die beste Zeit ist früh morgens – reißt der Wolkenkranz über dem Bergmassiv des **Mount Kenya** *(S. 81)* auf.

Naro Moru *(S. 81)*, 190 km von Nairobi entfernt, der nächste Ort auf der Strecke, ist der Ausgangspunkt für die Besteigung des Mount Kenya. Für einen Zwischenstopp geeignet ist die *Naro Moru River Lodge (35 Zi. | Tel. 062/622 12 | €)* mit Möglichkeiten zum Wandern und Forellenangeln. Kurz vor Nanyuki, 215 km von Nairobi, überquert die A2 den Äquator.

Ein empfehlenswerter Abstecher: Zwischen Bantu Lodge und Nanyuki führt eine Piste von der Asphaltstraße zum *Trout Tree*. Das malerisch gelegene Restaurant ist in und um einen gewaltigen Mugamo Fig Tree gebaut. Spezialität: fangfrische Forellen vom Holzkohlegrill *(tgl. 11–16 Uhr | €)*.

Um die Nordflanke des Mount Kenya herum klettert die Straße auf 2000 m, um später wieder abzufallen, hinunter ins Tafelland. Ein beeindruckendes Panorama eröffnet sich: endlose Ebenen, am Horizont im Dunst verschwimmende Berge. Hier auf dem **Laikipia Plateau** haben ehemalige Farmer viele private Naturreservate ausgebaut. Eines der beeindruckendsten ist die **Ol Pejeta Conservancy** gleich hinter Nanyuki, auf der Löwen, Elefanten und ein zahmes Nashorn zu sehen sind. Zum Reservat gehört auch ein abgezäuntes Schutzgebiet für Schimpansen, die vom Bürgerkrieg in Burundi hierher gerettet wurden. Übernachtung im *Sweetwaters Tented Camp (30 Zi. | Tel. 062/319 70 | www.serenahotels.com)*. Weiter nördlich wird die Vegetation karger, die Luft heißer. Dann taucht **Isiolo** auf, ein kleiner Ort an der Nahtstelle zwischen Nord- und Südkenia. Unübersehbar sind die Nomaden mit ihren Kamelen, die hierher zum Markt kommen.

In Isiolo endet die Asphaltstraße. Von hier geht es nur noch im geländegängigen Fahrzeug weiter. An der Ortsausfahrt ein Polizeiposten. Vorsichtshalber sollten Sie sich bei den Rangern nach dem gegenwärtigen Zustand der weiteren Strecke und nach der Sicherheitslage erkundigen.

Es folgt eine knochenharte Waschbrettpiste zum **Archer's Post**, dem Eingang sowohl zur Samburu- als auch zur Buffalo Springs- und Shaba National Reserve.

Auf der Rückfahrt lohnt es, eine andere Strecke zu nehmen, die um die fruchtbare und dicht besiedelte östliche Flanke des Mount Kenya führt. Man fährt zunächst denselben Weg zurück, verlässt dann aber 21 km hinter Isiolo an der nächsten Straßenkreuzung die A2, und folgt der Ausschilderung nach **Meru**. Über **Embu** führt die Route wieder nach Thika und Nairobi zurück.

2 ABENTEUER IN MENSCHENLEERER WÜSTENREGION

Die Route führt von Nairobi durch das Rift Valley in den äußersten Norden Kenias, zum Turkana-See. Die organisierte Fahrt mit dem „Turkana-Bus" ist eine Campingsafari im geländegängigen Wagen unter der Obhut kenianischer Führer. Dauer: 8 Tage, Start in Nairobi, Übernachtung in Zelten, verpflegt werden die Teilnehmer von einem kenianischen Koch.

Zunächst geht es hinunter ins Rift Valley. Der erste Stop wird am **Lake Nakuru** *(S. 80)* mit einem Besuch der Flamingokolonien eingelegt. Dann geht's weiter nach Maralal; die Nacht wird im Zeltcamp am Fuße des Oldonyo-Nyiru-Berges verbracht. Spektakuläre Ausblicke auf das Rift Valley Escarpment bieten sich am nächsten Tag auf der Weiterfahrt in den Northern Frontier District, in die absolute Einsamkeit. Allmählich geht das Land in Halbwüste und schließlich in Wüste über, spärlich besiedelt von Nomaden und ihren Kamelherden. Flimmernde Hitze, schwarzes Lavagestein – eine Landschaft, in der jedes Leben erstorben scheint. Plötzlich schimmert jadegrün eine endlose Wasserfläche: Das Ziel ist erreicht, der *Turkana-See*. Insider Tipp Über 230 km erstreckt er sich vom Mount Kulal bis zur Grenze nach Äthiopien. Zentrum am Ostufer ist **Loiyangali**. Etwa 8 km mit dem Boot entfernt liegt **Elmolo Bay**, die Heimat von Kenias kleinster Ethnie, den Elmolo. Außer vom Fischen – früher auch von der Jagd auf Krokodile und Flusspferde – leben die gut 400 Menschen davon, dass sie den seltenen Besuchern ihr Dorf zeigen *(Eintritt 1000 Ksh)*.

Auf der Insel **Central Island** (Bootsausflüge möglich) befindet sich das landesweit größte Krokodil-Brutgebiet. Am Ostufer bei Koobi Fora liegt eine inzwischen weltberühmte Ausgrabungsstätte: der Fundort eines 2,2 Mio. Jahre alten Hominidenschädels. *Buchung/Information: Gametrackers (s. „Praktische Hinweise")*

Eine andere Möglichkeit, den Turkana-See zu erreichen, ist ein Flug mit Fly 540 nach **Lodwar**, einem Handelsposten auf der Westseite des Sees. Von hier sind es gut zwei Stunden mit dem Geländewagen bis **Eliye Springs**, wo der Deutsche Rolf Gloor ein Camp aus Hütten im klassischen Turkana-Stil betreibt *(3 Zi. | Tel. 0733/84 78 83 | www.eliyespringsresort.com)*. Von hier aus sind Tagesausflüge zum Fischen auf den See oder nach **Kalokol** gut 50 km weiter nördlich möglich; dort kann man bei den Fischern Boote nach Central Island mieten.

EIN TAG IN MOMBASA

Action pur und einmalige Erlebnisse.
Gehen Sie auf Tour mit unserem Szene-Scout

BIG FIVE ZUM FRÜHSTÜCK 6:30

Phänomenal, die Nächte in der *Salt Lick Safari Lodge*. Doch jetzt heißt es früh aufstehen und einen Logenplatz auf der Terrasse sichern; die Morgenstunden in der Wildnis sind die aufregendsten. Mit ein bisschen Glück gibt es Frühstück Auge in Auge mit Löwe, Büffel und anderen Vertretern der Big Five. **WO?** *Im Taita Hills Wildlife Sanctuary | Tel. 043/203 06 25 | Übernachtung mit Frühstück ab 67 Euro | www.sarovahotels.com/saltlick*

7:30 RED BULL AUF KENIANISCH

Es geht noch mehr! Der Safaribus wartet. Wenn der Ranger über Schlamm- und Erdwege brettert, heißt es Kamera zücken, denn immer wieder kreuzen Warane, Leoparden oder eine mit rotem Schlamm eingepuderte Elefantenherde den Weg. Genial: Per Funk geben die Wildhüter die Standpunkte der interessantesten Großtiere durch. **WO?** *Salt Lick Safari Lodge im Taita Hills Wildlife Sanctuary | Eintritt in den Park: 23 Euro | Tel. 043/203 06 25 | www.sarovahotels.com/saltlick*

FRUCHTIG UND FRISCH 13:00

Ran an die Tüte! Am *Bamburi Beach* hat man die Qual der Wahl. Riesige Eisberge, garniert mit Erdbeeren, Waffeln und Kirschen, türmen sich vor Ihnen auf – im *Yul's* gibt es 20 selbstgemachte Sorten. Danach geht's ab in die Fluten. **WO?** *Mombasa-Malindi Road, Bamburi | Tel. 041/548 59 50 | www.aquadrom-yuls.com*

15:00 WOOD-ART

Ab ins Taxi und als Ziel Akamba Woodcarvers nennen. Die besten Schnitzer des Landes erwarten Sie schon. Es wird gehämmert, gefeilt, gesägt. Männer sitzen unter Bäumen und Hüttendächern und stellen alles aus Holz her, was man sich vorstellen kann: Giraffen, Schüsseln, Masken. Wer Interesse zeigt und ins Gespräch kommt, der darf vielleicht auch selbst Hand anlegen. **WO?** *Abseits Port-Reitz Road, Changamwe | Tel. 041/ 343 43 96 | www.akambahandicraftcoop.com*

Country Club (9), Mount Kenya Safari Club (9), Nyali Golf and Country Club (18), Leisure Golf Club (Diani Beach, 18), Vipingo Ridge (18). Eine Tagesmitgliedschaft kostet je nach Platz 25–30 Euro.

SURFEN & SEGELN

Die meisten Strandhotels um Mombasa vermieten Surfbretter (ca. 7 Euro/Std.) und geben Unterricht, so z.B. *Africana Sea Lodge*, *Baobab Beach Resorts*, *Jadini Beach* und *Safari Beach Hotel*. Idealer Platz für Kitesurfen: *Che-Shale Bay* nördlich von Malindi *(www.cheshale.com)*. Segelboote werden an der *Fourty Thieves Bar* vermietet *(Tel. 040/320 20 33)* und kosten ca. 10 Euro/Std. Im *Mombasa Yacht Club (Ganjoni Road | Tel. 041/222 35 80)* kostet eine Gastmitgliedschaft für eine Woche 10 Euro *(geöffnet So und Mi)*.

TAUCHEN & SCHNORCHELN

Die beste Zeit zum Tauchen und Schnorcheln ist Oktober bis März. Von Juni bis August ist das Wasser zumeist vom Monsun zu aufgewühlt, die Sicht beeinträchtigt. Taucher sollten einen international anerkannten Tauchschein besitzen. Da die Strömungsverhältnisse nach Region und Küstenabschnitt erheblich wechseln können, taucht man am besten mit erfahrenen ortskundigen Tauchern.

Die attraktivste Unterwasserwelt findet man in den drei marinen Nationalparks Kenias: *Malindi-Watumu, Mombasa* und allen voran der ★ *Kisite-Mpunguti Marine National-park* an der Südküste. Drei Meeresreservate, *Diani-Chale, Mombasa Marine National Reserve* und *Kiunga sind ebenfalls sehenswert. Interessant sind die Korallenriffe südlich von Wasini*; ein Boot (oder eine Dhau) kann in Shimoni gemietet werden. Zumeist verleihen die Bootsbesitzer auch Maske und Schnorchel. Preis für ein Boot ca. 70 Euro mit Verhandlungsspielraum; der Eintritt für die marinen Nationalparks kostet 15, für Kisite-Mpunguti 20 US$. Tauchfahrten organisiert u.a. *Wasini Dhow (Tel. 040/320 21 44, 0712/91 85 89 | www.wasinidhow.com)*.

Abtauchen im Indischen Ozean

WANDERN & TREKKING

Mount Kenya und das Aberdares-Gebirge sind ideale Wander- und Trekkinggebiete. Wenig besucht, aber nicht weniger reizvoll ist der Mount Elgon. Info: *Mountain Club of Kenya (Adresse s. „Bergsteigen")*. Safaris zu Fuß organisieren u.a. *Wilderness Trails (Tel. 020/60 04 57 | www.bush-homes.co.ke)*, die *Kenya Museum Society (National Museum of Kenya | Nairobi | Tel. 020/374 38 08 | www.kenyamuseumsociety.org)* und *Gametrackers (s. „Praktische Hinweise")*.

ELEFANTEN, LÖWEN & CO.

Kenias größte Attraktion ist natürlich die Tierwelt. Zebras, Löwen, Elefanten in freier Wildbahn – ein Riesenerlebnis!

In Kenia werden sie mir Kindern liebenswürdig empfangen. Schließlich haben fast alle Kenianer schon in jungen Jahren selber Kinder. In Touristenhotels gibt es meist Kindermenüs. Sonst ist jeder Koch sofort bereit, ein Mahl für Ihr Kind zusammenzustellen. Keine Hemmungen: Fragen Sie, und man wird Ihnen helfen. Hochstühle und Gitterbetten gibt es in den meisten Touristenhotels, fragen Sie aber vorher nach. Die meisten Hotels und Lodges bieten einen Babysitter oder Türwächter, der Sie sofort alarmiert, wenn aus dem Zimmer Geschrei zu hören ist. Kindersitze fürs Auto sind unbekannt – im Zweifel mitbringen, ebenso wie Windeln, spezielle Cremes und Medikamente.

Am Meer gibt es für Kinder immer viel zu spielen, die meisten Lodges haben zudem einen flachen Pool. Auf Safari sollten Sie Parks wählen, die Abwechslung bieten, nicht zu groß sind und in denen man laufen kann. Ein spannendes Erklärbuch für Kinder ab sechs ist „Meine Safari“ (Insider Tipp) von Hudson Talbott, in dem der 12-jährige Carey im Stil eines Tagebuchs von seiner Fotosafari erzählt. Ein toller Kinderführer ist „KenyaBUZZ Kids“, wo Adressen und Tipps für Kinder aufgeführt sind (in allen Buchläden erhältlich).

Gefährlicher als Europa ist Afrika für Kinder nicht: Solange Sie nicht im Busch leben wollen, ist die Gefahr für die Gesundheit der einer Mittelmeerinsel ähnlich – von Malaria abgesehen. Der Schutz vor Moskitostichen und damit vor einer Malariainfektion ist bei Kindern noch wichtiger als bei Erwachsenen. Sprechen Sie mit Ihrem Kinderarzt, ob er zu einer Prophylaxe rät. Achten Sie zudem darauf, dass Ihr Kind einen Sonnenhut trägt und mit Sonnencreme mit hohem Schutzfaktor vor der Äquatorsonne geschützt ist. Erinnern sie es daran, viel zu trinken. Bei kleineren Kindern müssen Sie bei Durchfall darauf achten, dass das Kind nicht dehydriert; viel Wasser und eine mitgebrachte Elektrolytlösung verhindern das. Bei Kindern unter 6 Jahren sollte man überlegen, ob der Flug, die Klimaumstellung und mögliche Impfungen die Reise wirklich wert sind.

> MIT KINDERN UNTERWEGS

NAIROBI

Insider Tipp DAPHNE SHELDRICK'S ORPHANAGE [120 C1]

Eine tolle Gelegenheit, Elefanten und Nashörner aus der Nähe zu beobachten, bietet das Tier-Waisenheim von Daphne Sheldrick, die hier verwaiste Elefanten- und Nashornbabys aufzieht. Man verlässt Nairobi auf der Langata Road, biegt links in die Magadi Road und folgt links einer ausgeschilderten Piste. *Tgl. 11–12 Uhr* | *www.sheldrickwildlifetrust.org*

LANGATA GIRAFFE CENTRE [120 C1]

18 km vom Stadtzentrum entfernt. Hier kann man aus nächster Nähe Rothschild-Giraffen betrachten und füttern. *Tgl. 9 bis 17.30 Uhr* | *Eintritt ca. 7 Euro* | *Gogo Falls Road* | *Langata*

DIE KÜSTE

TAUCHEN [129 D5]

Tauchunterricht für Kinder erteilt Thomas Sollacher von *Diani Marine Scuba Diving* an der Südküste. *Ukunda* | *Tel. 040/320 23 67* | *thomas@dianimarine.com*

WILDWATERS [129 E4]

Funbad mit Rutschen nicht weit von der Mamba Krokodilfarm. *Tgl 11–18 Uhr* | *Nyali* | *Tel. 0733/33 70 00*

NATIONALPARKS

Insider Tipp ADVENTURERS CLUB

Camps der *Heritage*-Gruppe bieten schon kleinen Kindern spannende Spiele rund um die Natur. Für die Größeren gibt es Sport, Wanderungen und eine „Busch-Schule". Locations: Samburu Intrepids, Mara Intrepids, Siana Springs, Voyager Ziwani (Tsavo), Great Rift Valley Lodge (Naivasha). *Heritage Hotels* | *Tel. 020/444 47 17* | *www.heritage-eastafrica.com/kids-teens*

OZONE KIDS CLUB

Programm für Kinder von der *Sarova*-Gruppe mit Schwimmgalas, Exkursionen und vielem mehr. Locations: Sarova Whitesands (Nordküste), Lion Hill (Nakuru), Sarova Shaba. *Sarova Hotels* | *Tel. 020/271 66 88* | *www.sarovahotels.com*

> VON ANREISE BIS ZOLL

Urlaub von Anfang bis Ende: die wichtigsten Adressen und Informationen für Ihre Kenia-Reise

ANREISE

Nairobis Kenyatta International Airport liegt 20 km südlich der City. Mehrmals täglich fliegen KLM und die Partnerairline Kenya Airways ab Amsterdam, Swiss fliegt fünfmal wöchentlich von Zürich, British Airways täglich, Virgin Atlantic mehrmals wöchentlich ab London-Heathrow, SN Brussels ab Brüssel. Mit Umwegen, dafür günstiger, kommt man mit Emirates (via Dubai), Ethiopian (via Addis Abeba), Qatar Airways (via Doha) oder Turkish Airlines (via Istanbul) nach Nairobi. Letztere gilt neben Egypt Air (via Kairo) als günstigste Option. Nach Mombasa fliegen je nach Saison Edelweiß, Condor und Air Berlin, sonst muss man in Nairobi einreisen und zum Inlandsterminal wechseln.

AUSKUNFT

BOTSCHAFT DER REPUBLIK KENIA

10969 Berlin | Markgrafenstr. 63 | Tel. 030/259 26 60 | www.embassy-of-kenya.de

KENYA WILDLIFE SERVICE

Nairobi | Langata Road | Tel. 020/60 08 00 | www.kws.go.ke

KENYA TOURISM BOARD

Nairobi | Ragati Road | Upper Hill | Tel. 020/271 12 62 | www.magicalkenya.com

PRAKTISCHE

HINWEISE

AUTO

In Kenia herrscht Linksverkehr und auf den Straßen oft das Gesetz des Dschungels. Vorfahrt hat theoretisch, wer von links kommt oder im Kreisverkehr ist, doch in der Praxis der, der zuerst da ist. Auf keinen Fall nachts auf Landstraßen fahren: Elefanten haben keine Rücklichter und viele andere Verkehrsteilnehmer auch nicht. Viele Straßen sind in schlechtem Zustand. Geschwindigkeitsbegrenzungen: auf Schnellstraßen 100, in Parks 30, im Stadtverkehr 50 km/h.

AUTOMOBILE ASSOCIATION OF KENYA, AAK
Nairobi | Embakasi | Tel. 020/82 50 60 | www.aakenya.co.ke

BAHN

„Lunatic Express" nannten die Engländer die Bahn, die seit Anfang des 20. Jhs. Mombasa mit Nairobi verbindet. Seitdem sind weder das Streckennetz noch die Züge grundlegend renoviert worden. Eine Zugfahrt ist deshalb eher ein Abenteuer; aus Sicherheitsgründen sollten Sie unbedingt 1. Klasse buchen (Schlafwagen ca. 40 Euro). Abfahrt von Nairobis Bahnhof in der Innenstadt *Mo, Mi, Fr 19 Uhr,* ab Mombasa *Di, Do, So zur gleichen Zeit,* Fahrtzeit: 13 Stunden, gerne auch doppelt so lang. Informationen bei *Nairobi Railway Station (Moi AvenueTel. 020/221 08 85)*.

BANKEN & GELD

Währungseinheit ist der Kenya Shilling (Ksh). Banknoten gibt es in Form von 10-, 20-, 50-, 100-, 200-, 500- und 1000-Shilling-Noten.

In Städten können Euro, US-Dollar und Reiseschecks problemlos in Banken und Forex-Büros (geht schneller) eingelöst werden. Mit Kreditkarte und Geheimzahl kann Geld an den selbst auf dem Land verbreiteten Geldautomaten gezogen werden. Auch die Maestro (EC)-Karte wird an den Automaten der Barclay's Bank und an *Pesa Points* akzeptiert. Hotels und Restaurants können ebenso wie Safari-Packages mit Kreditkarte bezahlt werden, oft wird dafür ein Zuschlag von 5 Prozent verlangt.

BUS

Zwischen den größeren Städten gibt es regelmäßige Busverbindungen, auch auf der Strecke Nairobi–Mombasa. Sehen Sie sich vor Kauf der Fahrkarte den Bus an, mit dem Sie fahren: Neben zunehmend modernen Bussen gibt es auch noch viele alte Karossen, die nicht sicher scheinen. Fahren Sie niemals über Nacht!

CAMPING

Es gibt über 200 Campingplätze in Kenia, vor allem in den Nationalparks und Reservaten. Der Komfort ist jedoch bescheiden: Zumeist gibt's nur „Buschtoiletten", nur selten eine Wasserleitung. Campingausrüstung kann in Nairobi gemietet werden. Man braucht zum Campen allerdings ein Auto. Auf keinen Fall sollte man sein Zelt an der Küste am Strand aufschlagen. Das ist nicht nur verboten, sondern auch sehr gefährlich.

DIPLOMATISCHE VERTRETUNGEN

DEUTSCHE BOTSCHAFT
Ludwig Krapf Haus | 113 Riverside Drive | Riverside | Nairobi | Tel. 020/ 426 21 00 | www.nairobi.diplo.de

DEUTSCHES HONORARKONSULAT MOMBASA
Sidiq Ghalia | Bank of India Building | Nkrumah Road | Mombasa | Tel. 041/ 222 87 83 | mombasa@germanconsul.com

ÖSTERREICHISCHE BOTSCHAFT
City House, 2nd floor | Standard Street | Nairobi | Tel. 020/31 90 76 | nairobi-ob@bmeia.gv.at

ÖSTERREICHISCHES HONORARKONSULAT
Ralli House | Nyerere Avenue | Mombasa | Tel. 041/231 33 86 | tibor@tgaalarchitects.co.ke

SCHWEIZER BOTSCHAFT
International House, 7th floor | Mama Ngina Street | Nairobi | Tel. 020/ 222 87 35 | www.eda.admin.ch/nairobi

EINREISE

Besucher benötigen ein Visum. Es wird bei der Einreise am Flughafen bzw. an den Grenzübergängen erteilt oder vor Reiseantritt von der kenianischen Botschaft ausgestellt. Voraussetzung ist ein gültiger Reisepass, der noch sechs Monate gültig ist. Bei der Einreise füllen Sie das Visumsformular *und* die kleinere Einreisekarte aus. Ein Visum für maximal drei Monate kostet derzeit 20 Euro, Verlängerungen müssen im Nyayo House, Nairobi, beantragt werden.

GESUNDHEIT

Wer aus Europa anreist, muss keine Impfungen nachweisen. Wollen Sie jedoch innerhalb Afrikas reisen, etwa nach Tansania, ist eine Gelbfieber-Impfung Pflicht, der Impfpass wird an der Grenze kontrolliert. Empfohlen wird von Ärzten außer den Grundimpfungen (Tetanus, Polio, Diphterie) eine Impfung gegen Hepatitis A (Gelbsucht). Eine Typhus-Impfung braucht nur, wer länger im Hinterland unterwegs ist. Malaria ist in Kenia weit verbreitet. Der Erreger wird von der Anophelesmücke übertragen, die

WAS KOSTET WIE VIEL?

KAFFEE	**UM 1 EURO** für eine Tasse
NATIONALPARKS	**7,50–30 EURO** Eintritt für Parks/Reservate
WEIN	**UM 3 EURO** für ein Glas
BENZIN	**0,85 EURO** für einen Liter normal
TAXI	**UM 15 EURO** vom Flughafen in die Innenstadt von Nairobi
SNACK	**UM 2,50 EURO** für eine Portion Samosas

vor allem in der Dämmerung aktiv ist. Hauptsymptome sind Fieber, das teils in Schüben auftritt, und alle Anzeichen einer schweren Grippe. Eine Impfung gegen Malaria gibt es nicht. Eine Prophylaxe mit Tabletten bewirkt nur, dass die Krankheit beim Ausbruch weniger heftig verläuft. Weil die Inkubationszeit bis zu vier Wochen beträgt, muss man auch nach der Heimkehr auf Malaria-Symptome achten. Selbst beim geringsten Verdacht sofort testen lassen! Am besten, man lässt sich gar nicht erst stechen: Mückensprays, lange Hemden und Hosen helfen dabei ebenso wie nachts ein Moskitonetz. Kenia hat eine sehr hohe HIV/AIDS-Rate, vor allem in den Touristengebieten. Sex ohne Kondom ist daher lebensgefährlich und unnötig: Kondome sind selbst in entlegenen Orten überall erhältlich.

In Kenias Hospitälern gilt: Erst wird bezahlt (meist bar), dann behandelt. Gehen Sie deshalb bei ernsten Erkrankungen möglichst zu zweit. Empfehlenswert ist eine Mitgliedschaft bei den *Flying Doctors,* dem medizinischen Notdienst per Flugzeug: Für 25US$ bekommt man einen zweimonatigen Schutz fürs ganze Land *(AMREF | Wilson Airport | Nairobi | Tel. 020/699 30 00 | www.amref.org)*. Unbedingt vor der Reise abschließen: eine Auslandskrankenversicherung mit Rückholoption.

KRANKENHÄUSER

– Pandya Memorial Hospital | Dedan Kimathi Avenue | Mombasa | Tel. 041/ 231 35 77, 231 38 94

– Aga Khan University Hospital | 3rd Parklands Ave. | Parklands | Nairobi | Tel. 20/366 20 20

– Gertrude's Garden (Kinderkrankenhaus) | Muthaiga Road | Nairobi | Tel. 020/376 34 74 |

– Diani Beach Hospital | Diani Beach | Tel. 040/320 22 07

INLANDSFLÜGE

Kenias Inlandsflugnetz ist in den vergangenen Jahren rapide gewachsen. Außer Kenya Airways *(www.kenya-airways.com)* verbinden Air Kenya *(www.airkenya.com)*, Fly540 *(www.fly540.com)* und Safarilink *(www.safarilink.com)* Mombasa, Nairobi, Kisumu, Kitale, Lamu, Lodwar, Ukunda (Südküste) und zahlreiche Nationalparks miteinander. Die Flüge sind vergleichsweise günstig (meist unter 100 Euro) und am einfachsten über das Internet zu buchen. Achten Sie bei Flügen ab Nairobi darauf, ob Ihre Maschine vom Internationalen Flughafen oder vom kleineren, zentraleren Flughafen Wilson Airport abfliegt.

WÄHRUNGSRECHNER

€	KES	KES	€
1	97	10	0,10
2	194	25	0,25
3	291	30	0,30
4	388	40	0,40
5	485	50	0,50
7	679	70	0,70
8	776	80	0,80
9	873	90	0,90
10	970	500	5,00

INTERNET

www.magical-kenya.de – offizielle Seite des kenianischen Fremdenverkehrsbüros (dt.)mit vielen Infos, Bildern und Filmen

www.nairobi.diplo/de – Seite der deutschen Botschaft in Nairobi mit Reisehinweisen und aktuellen Infos
www.nation.co.ke – Nachrichten der größten Tageszeitung Kenias (engl.)
www.fit-for-travel.de/reisemedizin – Gesundheitstipps (dt.)
www.safari-portal.de – Gute allg. Reiseinfos, Hotels, Restaurants (dt.)

INTERNETCAFÉS

An der Küste und in allen Städten gibt es Internetcafés in großer Zahl.

MIETWAGEN

Niederlassungen internationaler Verleiher gibt es in Mombasa und Nairobi. Kenianische Unternehmen bieten günstigere Angebote. Prüfen Sie den Zustand der Wagen vor Abfahrt genau. Aus Sicherheitsgründen ist es ratsam, Überlandfahrten mit einem Fahrer zu unternehmen, der meist gleich mitgebucht werden kann.
– *Platinum Car Hire: Nairobi | Waiyaki Way | Tel. 020/444 24 85 | www.platinumsafaris.com*
– *Budget: Nairobi | Mombasa Road | Tel. 20/65 21 44*
– *Concorde Car Hire | Shell-Tankstelle | Ring Road | Westlands | Tel. 20/444 89 53 | www.concorde.co.ke*

POST

Eine Postkarte per Luftpost kostet ebenso wie ein Luftpostbrief 75 Shilling; Laufzeit: ein bis zwei Wochen. Öffnungszeiten der Postämter: *Mo bis Fr 8–17, Sa 8–12 Uhr*

REISEUNTERNEHMEN

GAME TRACKERS

Abenteuersafaris mit LKW und Zelten, Fußmärsche. *Nairobi | Nginyo Towers | Koinange/Moktar Daddah St. | Tel. 020/221 28 31, 222 27 03 | www.gametrackersafaris.com*

LET'S GO SAFARI

ABC Place | Waiyaki Way | Westlands | Nairobi | Tel. 020/444 71 51 | www.uniglobeletsgotravel.com

PHOENIX SAFARIS

Deutsch geführtes Reisebüro mit vielen Angeboten. *Village Market | Nairobi | Tel. 020/712 22 54 | www.phoenix-safaris.de*

PRIVATE SAFARIS

Maßgeschneiderte Touren vor allem im hochpreisigen Segment. *Mobil Plaza | Muthaiga | Nairobi | Tel. 020/360 70 00 | www.privatesafaris.co.ke*

REISEZEIT

An der Küste sinken die Wassertemperaturen nie unter 21 Grad. Jahresmittel in Mombasa: 27–31 Grad (Luft), Luftfeuchtigkeit um 70 Prozent. Hochsaison und heißeste Jahreszeit an der Küste ist Dez./Jan. Etwas kühler sind Juli/Aug. Reiseeinschränkungen kann es während der Regenzeit geben, meist Ende März bis Mitte Mai und Nov./Dez. Dann sind einige Regionen wie die Aberdares, der Norden, Amboseli und Masai Mara zeitweise mit dem Wagen unpassierbar. An der Küste bedeutet Regenzeit zumeist heftige, kurze Schauer.

STROMSPANNUNG

Wechselstrom mit 230–240 Volt. Da die Anschlüsse britischer Norm entsprechen, sind für deutsche Geräte dreipolige Adapter (mit eckigen Steckern) erforderlich. Bei empfindlichen elektronischen Geräten (iPods, Laptops) sind Stromspannungsregler *(powersurge regulators)* empfehlenswert, die in jedem kenianischen Supermarkt erhältlich sind.

TELEFON & HANDY

Eine der sinnvollsten Anschaffungen bei einem Urlaub ist die SIM-Karte eines kenianischen Anbieters. Safaricom und ZAIN sind im ganzen Land verbreitet, Orange und YU nur in den großen Städten. Die SIM kostet etwa 3 Euro und kann in jedes mitgebrachte Handy eingelegt werden. Aufgeladen wird das Handy von Prepaidkarten *(scratch cards)*, die überall erhältlich sind. Alle Nummern in diesem Buch sind mit einem kenianischen Handy deutlich günstiger erreichbar als über Roaming mit einem deutschen Vertrag. Auch Gespräche und SMS nach Deutschland sind erstaunlich günstig. Die Telefonnummern in diesem Buch sind für den Gebrauch in Kenia aufgelistet: Von Europa aus wählen Sie die Vorwahl für Kenia 00254 und lassen dann die erste 0 weg.

ZEIT

Kenia ist der MEZ um zwei, während der Sommerzeit in Mitteleuropa um eine Stunde voraus.

ZOLL

Einfuhr: 0,7 l alkoholische Getränke und eine Stange Zigaretten. Ein Ausfuhrverbot (und Einfuhrverbot nach Deutschland) gilt für Elfenbein, Felle, Korallen, Muscheln und Tiertrophäen. Freimengen bei der Rückreise in die EU: 200 Zigaretten oder 50 Zigarren, 1 l Alkohol über 22 %, 2 l Wein, 50 ml Parfüm oder 250 ml Eau de Toilette sowie Waren im Wert von 430 Euro. Für die Schweiz gelten andere Bestimmungen.

WETTER IN MOMBASA

	Jan.	Feb.	März	April	Mai	Juni	Juli	Aug.	Sept.	Okt.	Nov.	Dez.
Tagestemperaturen in °C	32	32	33	31	29	29	28	28	29	30	31	32
Nachttemperaturen in °C	23	23	24	24	23	21	20	20	21	22	23	23
Sonnenschein Std./Tag	9	9	9	8	6	8	7	8	9	9	9	9
Niederschlag Tage/Monat	4	2	5	10	14	9	11	10	9	12	10	6
Wassertemperaturen in °C	27	28	28	28	28	27	25	25	27	27	27	27

> DO YOU SPEAK ENGLISH?

„Sprichst du Englisch?" Dieser Sprachführer hilft Ihnen, die wichtigsten Wörter und Sätze auf Englisch zu sagen

Aussprache

Zur Erleichterung der Aussprache sind alle englischen Wörter mit einer einfachen Aussprache (in eckigen Klammern) versehen. Folgende Zeichen sind Sonderzeichen:

ə	nur angedeutetes „e" wie in bitte
θ	[s] gesprochen mit der Zungenspitze zwischen den Zähnen
'	die nachfolgende Silbe wird betont

AUF EINEN BLICK

Ja/Nein	Yes [jäs]/No [nəu]
Vielleicht	Perhaps [pə'häps]/Maybe ['mäibih]
Bitte/Danke	Please [plihs]/Thank you ['θänkju]
Gern geschehen.	You're welcome. [joh 'wälkəm]
Entschuldigung!	I'm sorry! [aim 'sori]
Wie bitte?	Pardon? ['pahdn]
Ich verstehe Sie/dich nicht.	I don't understand. [ai dəunt andə'ständ]
Können Sie mir bitte helfen?	Can you help me, please? ['kən ju 'hälp mi plihs]
Guten Morgen!	Good morning! [gud 'mohning]
Guten Abend!	Good evening! [gud 'ihwning]
Guten Tag!	Good morning!/afternoon!/evening! (je nach Tageszeit) [gud 'mohning/ahftə'nuhn/'ihwning]
Hallo! Grüß dich!	Hello! [hə'ləu]/Hi! [hai]
Wie ist Ihr/dein Name?	What's your name? [wots joh 'näim]
Mein Name ist …	My name is … [mai näim is]
Ich komme aus …	I'm from … [aim frəm]
… Deutschland.	… Germany. ['dschöhməni]
… Österreich.	… Austria. ['ohstriə]
… der Schweiz.	… Switzerland. ['switsələnd]
Auf Wiedersehen!	Goodbye! [,gud'bai]/Bye-bye! [,bai'bai]
Tschüss!	See you! [sih ju]/Bye! [bai]
Hilfe!	Help! [hälp]
Rufen Sie bitte …	Please call … ['plihs 'kohl]
… einen Krankenwagen.	… an ambulance. [ən 'ämbjuləns]
… die Polizei.	… the police. [θə pə'lihs]
Wie viel Uhr ist es?	What time is it? [wot 'taim‿is‿it]
heute/morgen	today [tə'däi]/tomorrow [tə'morəu]

SPRACHFÜHRER ENGLISCH

UNTERWEGS

Bitte, wo ist …	Excuse me, where's … [iks'kjuhs 'mih 'weəs]
… der Bahnhof?	… the station? [θə 'stäischn]
… der Flughafen?	… the airport? [θə 'eəpoht]
… die Haltestelle?	… the stop? [θə stəp]
… der Taxistand?	… the taxi rank? [θə 'täksiränk]
Bus/Fähre/Zug	bus [bas]/ferry ['färi]/train [träin]
Können Sie mir bitte sagen, wie ich nach … komme?	Could you tell me how to get to …, please? ['kud‿ju 'täl me hau tə gät tə … plihs]
Gehen Sie geradeaus.	Go straight on. [gəu sträit 'on]
Gehen Sie nach links/rechts.	Turn left/right. [töhn 'läft/'rait]
Erste/Zweite Straße links/rechts.	The first/second street on the left/right. [θə 'föhst/'säknd striht on θə 'läft/'rait]
Überqueren Sie …	Cross … ['kros]
… die Brücke.	… the bridge. [θə 'bridsch]
… die Straße.	… the street. [θə 'striht]
… den Platz.	… the square. [θə 'skweə]

> SUAHELI

Für alle Fälle: das Wichtigste in der Landessprache

Suaheli ist Tansanias erste Landessprache: Vor allem außerhalb der Städte, wo nur wenige Bewohner Englisch sprechen, öffnen schon ein paar Worte viele Türen. Suaheli wird so gesprochen, wie es geschrieben wird.

Ja./Nein./Okay.	Ndiyo./Hapana./Sawa.
Bitte./Danke.	Tafadhali./Asante.
Entschuldigung!	Samahani!
Hallo, wie geht's?	Hujambo?
Danke, es geht mir gut.	Sijambo.
Guten Tag.	Habari.
Guten Morgen!/Guten Abend!	Habari za asubuhi!/ Habari za jioni!
Auf Wiedersehen!	Kwaheri!/Tutaonana! (ugs.)
Ich heiße …	Jina langu ni …
Ich komme aus …	Mimi ninatoka …
… Deutschland.	… Ujerumani.
… Österreich./Schweiz.	… Mwaustria./… Uswisi.
Ich verstehe nicht.	Sielewi.
Wie viel kostest es?	Hii ni shilingi ngapi?
Bitte, wo ist …?	Tafadhali, iko wapi …?
Helfen Sie mir bitte!	Tafadhali unisaidie!

1	Moja
2	Mbili
3	Tatu
4	Nne
5	Tano
6	Sita
7	Saba
8	Nane
9	Tisa
10	Kumi
20	Ishirini
100	Mia

Ich möchte … mieten.	I'd like to hire … [aid' laik tə 'haiə]
… ein Auto …	… a car. [ə 'kah]
… ein Fahrrad …	… a bike. [ə 'baik]
… ein Boot …	… a boat. [ə 'bəut]
Wo ist die nächste Tankstelle?	Where's the nearest petrol station? ['weəs θə 'niərist 'pätrəlstäischn]
Ich habe eine Panne.	My car's broken down. [mai 'kahs 'brəukn 'daun]
Der Wagen springt nicht an.	The car won't start.
Die Batterie ist leer.	The battery is flat. [θə 'bätəri is flät]
Gibt es hier in der Nähe eine Werkstatt?	Is there a garage nearby? ['is θeə‿ə 'gärahdsch 'niərbai]
offen/geschlossen	open ['əupn]/closed [kləusd]
drücken/ziehen	push [pusch]/pull [pull]
Eingang/Ausgang	entrance ['äntrəns]/exit ['ägsit]
Wo sind bitte die Toiletten?	Where are the restrooms, please? ['weərə θə 'restruhms plihs]
Damen/Herren	Ladies ['läidies]/Gentlemen ['dschäntlmən]

ESSEN & TRINKEN

Die Speisekarte, bitte.	May I have the menu, please. ['mäi ai häw θə 'mänjuh plihs]
Ich nehme …	I'll have … [ail häw]
Bitte ein Glas …	A glass of …, please [ə 'glahs‿əw … plihs]
Besteck	cutlery ['katləri]
Messer/Gabel/Löffel	knife [naif]/fork ['fohk]/spoon ['spuhn]
Vorspeise	hors d'œuvre [oh'döhwr]/starter ['stahtə]
Hauptgericht	main course ['mäin 'kohs]
Nachspeise	dessert [di'söht]/sweet [swith]
Salz/Pfeffer	salt [sohlt]/pepper ['päpə]
scharf	hot [hot]
Ich bin Vegetarier/in.	I'm a vegetarian. [aim a ,wädschi'teəriən]
Trinkgeld	tip [tip]
Die Rechnung, bitte.	May I have the bill, please? ['mäi ai häw θə 'bil plihs]

EINKAUFEN

Wo finde ich …	Where can I find … ['weə 'kən‿ai 'faind]
… eine Apotheke?	… a chemist? [ə 'kämist]
… eine Bäckerei?	… a bakery? [ə bäikəri]
… ein Kaufhaus?	… a department store? [ə di'pahtmənt stoh]
… ein Lebensmittelgeschäft?-	… a food store? [ə 'fuhd stoh]
… einen Markt?	… a market? [ə 'mahkit]
Haben Sie …?	Have you got …? ['həw ju got]

Ich möchte …	I'd like … [aid 'laik]
Ein Stück hiervon, bitte.	A piece of this, please. [ə pihs əw θis plihs]
Eine Einkaufstüte, bitte.	A bag, please. [ə bäg plihs]
Das gefällt mir (nicht).	I (don't) like it. [ai (dəunt) laik‿it]
Wie viel kostet es?	How much is it? ['hau 'matsch is it]
Nehmen Sie Kreditkarten?	Do you take credit cards? [du‿ju täik 'kräditkahds]

ÜBERNACHTEN

Ich habe bei Ihnen ein Zimmer reserviert.	I've reserved a room. [aiw ri'söhwd‿ə 'ruhm]
Haben Sie noch Zimmer frei?	Have you got any vacancies? [həw ju got‿ˌäni 'wäikənsis]
ein Einzelzimmer	a single room [ə 'singl ruhm]
ein Doppelzimmer	a double room [ə 'dabl ruhm]
mit Dusche/Bad	with a shower/bath [wiθ ə 'schauə/'bahθ]
Was kostet das Zimmer?	How much is the room? ['hau 'matsch is θə ruhm]
Frühstück	breakfast ['bräkfəst]

PRAKTISCHE INFORMATIONEN

Können Sie mir einen Arzt empfehlen?	Can you recommend a doctor? [kən ju ˌräkə'mänd ə 'doktə]
Ich habe hier Schmerzen.	I've got pain here. [aiw got päin 'hiə]
Ich habe Durchfall.	I've got diarrhoea. [aiw got daiə'riə]
Kinderarzt	pediatrician [ˌpihdiə'trischn]
Zahnarzt	dentist ['däntist]
Eine Briefmarke, bitte.	One stamp, please. [wan stämp 'plihs]
Wo ist bitte …	Where's … , please? ['weəs … plihs]
… die nächste Bank?	… the nearest bank … [θə 'niərist 'bänk]
… der nächste Geldautomat?	… the nearest cashpoint … [θə 'niərist 'käschpoint]

ZAHLEN

1	one [wan]	11	eleven [i'läwn]
2	two [tuh]	12	twelve [twälw]
3	three [θrih]	20	twenty ['twänti]
4	four [foh]	50	fifty ['fifti]
5	five [faiw]	100	a (one) hundred [ə ('wan) 'handrəd]
6	six [siks]	200	two hundred ['tuh 'handrəd]
7	seven ['säwn]	500	five hundred ['faiw 'handrəd]
8	eight [äit]	1000	a (one) thousand [ə ('wan) 'θausənd]
9	nine [nain]	1/2	a half [ə 'hahf]
10	ten [tän]	1/4	a (one) quarter [ə ('wan) 'kwohtə]

> UNTERWEGS IN KENIA

Die Seiteneinteilung für den Reiseatlas finden Sie auf dem hinteren Umschlag dieses Reiseführers

REISE ATLAS

A
B
C
1
2
3
4
5
6
Eastern
UGANDA
Busoga
Western
Mount Elgon
Muzoa
Mubiyi
Wagagai
Mount Sudek
Hot Springs
Mount Elgon National Park
Kimothon Cave
Kimothon
Mount Elgon Lodge
Susam Fishing Camp
Endebess
Chepkitale
Kidongole
Kachumbala
Siroko
Bulago
Buluganya
Budadiri
Butesa
Bugitimwa
Kakoro
Kabwangasi
Namunsi
Iki
Kamonkoli
Bugusege
MBALE
Bududa
Naboa
Budaka
Busano
Bulucheke
Nabuinali
Kachonga
Manafwa
Mazimasa
Butaleja
Busiu
Bubulo
Bunambale
Bukhaweka
Nambola
Emerikit
Magodes
Khabutale
Magale
Molo
Butiru
Bubutu
Namba
Walanga
Chesikaki
Kapkateny
Kapsakwany
Kaptalelia
Saboti
Kimilili
Kamakoiwa
Natiri Corner
Wamono
Teremi
Sirisia
Moding
Kolanya
Chwele
Bokoli
Misikhu
Lwa Khakha
Mukuju
Kwapa
Kisoko
Tororo
Mulanda
Sukulu
Kekalet
Malaba
Malakisi
Sikusi
Khachonge
Matisi
Lugulu
Webuye
Laundeti
Osia
Transafrican Highway
Nyemera
Malaba
Kimaeti
Kibabii
Makotelo
Maturu
Bungoma
Likoli
Amukura
Myanga
Mateka
Sangalo
Milo
Butali
Bulumbi
Kwangamor
BUSIA
Busia
Masafu
Nambale
Mungatsi
Munami
Makunda
Wacheka
Shirugu
Malava
Lwanda
Koyonzo
Sio
Matayo
Buhuyi
Malaha
Mwanza
Magole
Mumias
Butsotso
Lubao
Chemuneko
Lumino
Butula Muandas
Marach (Bukhalaire)
Shianda
Buchinga
Kakamega
Kakamega Forest Reserve
Majanji
Bumala
Nangina
Bukaya
Lusumu
Lunza
Shinyalu
Sio
Ukwala
Musanda
Butere
Bukura
Mukumu
Shikondi
Muhudu
Berkeley Bay
Siranga
Sigomere
Musoli
Ambira
Kilingiri
Chavakli
Siamufua
Rangala
Mundoli
Bumbwa
Nzoia
Ebusonga
Lake Kanyaboli
Ndere
Malanga
Yala
Luanda
Esibuye
Maragoli
Kaimosi
Mbale
Kibagara
Port Bunyala (Port Victoria)
Boro
Siaya
Ngiya
Vihiga
Kapsotik
Kadenge
Usingo
Maseno
Gimarakwa
Equator
Osieko
Nyamoye
Kadimu
Yala
Lela
Kisian
Kibos
Ugowa Bay
Usenge
Wusengi Point
Kadimu Bay
Bondo
Ndori
Akala
Awach
Kit Kikai
Pau Akuche
KISUMU
Kaloka
Kamuga
Mageta Island
Port Southby
Asembo
Asembo Bay
Lake Victoria
Ndere Island
Ndere Island National Park
Kampala
Madiany
Ragengni
Winam Gulf
Nyakach Bay
Osoda Point
Osoda Bay
Ndigwa
Ranalo
Fort
(Crater, Flamingoes)
Kendu Bay
Lake Simbi
Kusa
Rakwaro
Gendia
Sondu
Prehistoric Discoveries of Human Relicts
Ulajo
Kasamanya
Rusinga Island Club
Homa Point
Mount Homa
Mfangano Island
Rusinga Island
Mbita
Uyoma Port
Rusinga Channel
Mfangano Island Camp
Mboya's Mausoleum
Huma Lime
Sambo Orinda
Kabondo
Ukula
Sena
Homa Bay
Takawiri Island Resort
Gembe
Mbita Passage
Luanda
Kagan
Nyangweso
Pelicanry
Ringa
Oyugis
Ragwe Point
Kwoyo
A104
A109
C43
C32
C31
C30
C41
C33
C40
C39
C38
C27
C28
C27
B1
A1
C42
C45
C44
C19
C26
C18
A1
118

D
E
F
1
2
3
4
5
6
Kapenguria
Makutano
Keringet
Kipsam
Kapolet Fishing Camp
Kwanza
Caves
Kitale
(1896)
Saiwa Swamp National Park
Kapkanyar Forest
Chepkotet Lenan Forest
3369
Chemnirot
3581
Cherangani Hills
Kiptaberr Forest
3167
Labot
Kipkunurr Forest
Chebilil
Tot
Kolowa
Carpello
B4
Kito Pass
Chesongoch
Chesoi
Chesetan
Kerio
A1
C48
Cherangani
Glanville Halt
Kapcherop
2910
Kapsowar
Chepkum
Koitilial
Kinyach
1858
Cheptongei
Kiminini
Moi's Bridge
Chebara
Sangurur
C52
Chebiemit
2603
Chebororwa
Moiben
Springfield Halt
Moiben
Uasin Gishu
Kabulwa
Bartabwa
Kerio Valley / Kamnarok National Reserve
Yatya
Nzoia
B2
C50
Bugar
Singore
Sergoi
Koprobu
Kasuru
Soy
C44
Iten
Kaptien
Poi
Bartolimo
2500
Tirimionin
Turbo
Lake Kamnarok
Kabartonjo
Kamariny
Kesup
Tambach
2399
Kipkarren
Elgon
A104
Leseru
Murula
C51
Kapturwo
Kabluk
Eldoret
Kapteren
Biretwo
Seretunin
Kabiemit
2196
ELDORET
(2097)
Transafrican Highway
C51
Kabarnet
C51
Chepterwai
Kipkarren
Plateau
C54
Kaptarakwa
Chebloch
Kapkenda
Sabor
Kaiboi
Kabiyet
Onyoki
Gara Falls
Chepkorio
Chororget
Sacho
2421
C37
Chemuswa
Chepiepitiret
Cheploske
World's End
Kapkalelwa
C39
Kapsisiywa
Mosoriot
Kaptum
Kaptagal
2756
Cheplembus
Tenges
Ratat
Nyaru
B53
Tarakwa
Kapchorua
Haraka
World's End
Kapchebelal
Kapsabet
Kilibwoni
Lessos
Sojoi
Kamwosor
Kipsaos
2180
Kosirai
C39
Kapsasur
C36
Kapkuti
2799
Sigoro
Elgeyo Escarpment
Kerio Valley
Ainabkoi
Lelgel
Senghalo
2988
Nabkoi
Torongo
Mugundoi
Nandi Hills
Kapchorua
A104
Kipkurere
Timboroa
Saos
2246
Eldama Ravine
Kobujoi
Narasha
Ngubreti
Ndurio
Kapsaos
C37
2895
Equator
C55
Tinderet Forest
Sorget
Maji Mazuri
Makutano
Sabatia
Esageri Halt
Songhor
Tinderet
2640
Limutet
2565
Londiani
3010
Visoi
C34
Kibigori
Chemelil
Monastery
Mount Londiani Forest
Nyando
Muhoroni
Fort Ternan
Londiani
Mau Summit
Transafrican Highway
Rongai
Awasi
Koru
C35
Kipkelion
Kedowa
Molo
Kaituiy
Tunnel
B1
Turi
B1
Onyuongo
Kapsoit
Kapsaos
Elburgon
Kericho
(2042)
South Western Mau Forest
2968
Mau
Kiptere
Sondu
Eastern Forest
Kapsuset
Ateta
C22
Itare
Kipsonoi
20 km
Kabianga
Kiptunga
Mau
3124
Ikonge
Chemosit
3045
C21
C22
Keringet
Olenguruone
Shaballaragwa

119

A
B
C
1
2
3
4
5
6
Lake Baringo
Island Camp
Kampi Ya Samaki
Lake Baringo Camp
Salabani
Loruk
Sibilo
Chemoigut
Nosuguro
Loiminange
Marigat
Logumukum
Mukutan
Kuti
2105
Makutan Retreat
Lake Turkana
Ol Keju Losero
Ewaso Ngiro
Loisaba Ranch
C77
Colcheccio
Ngelesha
2273
Tandaro
Laikipia Escarpment
Kaptim
Bergera
Sandai
Loboi Gate
Lake Bogoria
Lake Bogoria National Reserve
B4
Ratat
Maji Ya Moto
Hot Springs
Moto
Emening
Emsos Gate
Chepkererat
Sirwe
Mugurin
Mukuyuni
Ngubreti
Hannington's View
Ngendale
Kisinana
Solai
Ol Arabel Forest
Ol Ngarua
C51
Rumuruti Forest
Rumuruti
Ewaso Narok
2608
Subukia Valley
Marmanet
Marmanet Forest
2610
Laikipia
Mukenya
1844
El Karama Ranch
Nabolo
1912
C76
Ol Pejeta Ranch House
Thomson's Falls
Thomson's Falls Lodge
Nyahururu
[2360]
Lomolo
1884
Milton's Siding
Mogotio
Gilgil
Ol Punyata
Subukia
Mc Call's Siding
Kampi Ya Moto
677
Ol Joro Orok
Sabugo
Ndaragwa
2137
Ngobit
Ongobit
Nagobit Fishing Club
Ngobit Gate
Lamuria
B5
C83
Lake Ol Bolossat
Kaheho
Shamata Gate
Aberdare
Chebuswa
3365
Gatarakwa
Menengai
Menengai Crater
2278
2773
Dundori
Aberdare Range
Ol Doinyo Lesatima (Satima)
3999
Wandaris Park Gate
The Ark
Ark Gate
Treetops
National Park
NAKURU
[1850]
Hyrax Hill Museum
Lanet
Lanet Gate
Main Gate
Tourist Centre
Pavillion [Disused]
Lake Nakuru
Sarova Lion Hill Lodge
Lake Nakuru Lodge
Mbaruk
Ol Kalou
Wanjohi
C56
Njoro
Egerton
A104
Lake Nakuru National Park
Makalia Camp
Oleolondo
Lake Elmenteita
Kariandusi
C69
3349
Kipipiri
Ruhuruini Gate
Nyeri
[1753]
Chania Falls
Kiandongoro Gate
Fishing Lodge
Tusha
Gura
Karura Falls
Mutubio West Gate
Gura Falls
Kairuthi
Mau Escarpment
3124
3045
C57
Elmenteita
Gilgil
Melawa
Gamble's Cave
Mau Narok
Enangiperi
Kiambogo
North Kinangop
Tulaga
Kinangop
3906
Kiamutura
Aberdare Forest
Gichichi
Opuru
2865
Eburru Guest Cottage
Masai Gorge
Ilkek
Morendat
Governors Camp Rift Valley
Naivasha
[1899]
Loldia House
Lake Naivasha
Crescent Island Sanctuary
Munyu
Lake Naivasha Country Club
Transafrican Highway
Lake Songasoi Lodge
Crater Lake Game Sanct.
Melilie
3098
South Kinangop
Githioro
S. Mathioya
Kanyenyaini
Githumu
C67
Kiarutara
Gatakaini
Chomo
Ngusui
Elsamere
Kongoni
Olkaria Gate
Safariland Lodge
Suswa
Fisherman's Camp
Elsa Gate
Fisher's Tower
1850
Longonot Game Ranch
Longonot
Sakutiek
Hell's Gate National Park
Njorowa Gorge
2777
Kamae
Central
Siapei
C57
Ildamai
Kijabe
Magina
Matathia
Longonot National Park
Gakoe
Karinga
C66
Uplands
Oloombokoshi
Nairagie Ngare
B3
Suswa
Kambaa
2366
Githunguri
C65
Seyabei
Ntulelei
Kedong Valley
A104
Limuru
Tigoni
Ndumberi
Kiambu
Kahawa
Noolpopong
Muguga
Ndenderu
Thigio
Kanyogga
1939

120

D
E
F
1
2
3
4
5
6
Longopito
Ngotogongoron
Ol Doinyo Ngiro
Ewaso Ngiro
Samburu National Reserve
Samburu Serena Lodge
Samburu Lodge
Archer's Post Gate
Archer's Post
Natorbe Gate
Buffalo Springs
Buffalo Springs Lodge
Buffalo Springs Tented Lodge
Chanler's Gate
Shaba National Reserve
Shaba Gate
1622
West Gate
Buffalo Springs National Reserve
Ngare Mara Gate
Great North Highway
Kampi Ya Chumvi
B9
A2
32
1977
Osinyei
Sinyai
Ol Doinyo Lossos
2124
Tassia Lodge
Don Doi
Mukogodo Forest
Il Ngwesi Lodge
Loragai
Lewa Downs Guest Farm
Isiolo
1971
Mutuati
Lare
Engwaki
2234
Al Jiju
Borana Lodge
Wilderness Trails
Lewa Wildlife Conservancy
Trans East-African Highway
Lewa Lodge
31
Loloria
1735
Kangeta
Muthara
Itiani
2514
Maua
Tigania
Loldaika Mountains
53
Ndare Forest
25
Doigan
2591
Kirua
Miathene
Amugaa
Kathi
Mikinduri
Ruiri
Nyambeni Hills
Meru Forest
1627
1617
Thimangiri
Bridge
Oltulili
Sirimon
Timau
Embori
Forest Lodge
2617
B6
Meru Museum
Meru
Giak
Thanandu
Kazita
Kithaku
Nanyuki
(1945)
Mt. Kenya Safari Club
Mount Kenya
Kithirune
38
1370
Mountain Rock Lodge
Burguret Halt
Nanyuki
Judy Mey's Camp
Mount Kenya National Park
Ithanguni
3894
Nkubu
Mitunguu
35
Secret Valley Lodge
Naro Moru River Lodge
Mackinders Camp
Batian
5199
4985
Minto's Hut
Lenana
Meru-Mount Kenya Lodge
Kionyo
Kanyekine
Igoji
Gatunga
C92
Tunyai
Naro Moru
Naro Moru
Meteorological Station
Met.Station Lodge
Austrian Hut
Ndua
2783
Keria
Magutuni
Trans East-African Highway
50
Mutindwa
Chogoria
Mutonga
Kabaru
Nairobi
Sagana
Nithi
Ruguti
Thuchi
Chuka
154
1527
Chiokarige
Kanjuki
Hombe
Mountain Lodge
Nyamindi
Irangi
Nyeri Station
Thego Fishing Camp
Giakaibij
Kamweti
Chehe
Gathanda-ini
Itugururu
Kiganjo
Thiba Fishing Camp
Runyenje
Thuchi River Lodge
C93
Ihwagi
Kagumo
Kiamutugu
Nembure
Ena
Kanyambora
Ishiara
Mucharo
Karatina
Kerugoya
Gititu
Gachiriro
73
Makaungu
C74
Kianyaga
Embu
Ndiaini
Mururiin
Kutus
Muruiri
Kiamuringa
Siakago
Kiangombe
1803
Kerie
Tana
Gakurwe
Gumba
Gathukiini
C73
Kagio
Kimbimbi
Musonoke
Mugeka
Sagana
B6
Thiba
62
Kiritiri
Kiambere Reservoir
Kiambere
Koimbi
C72
Murang'a
(1204)
Fort Hall
Iriamurai
80
Wamumu
Kiahiti
Maragua
Karaba
Mwea National Reserve
Mavuria
Riachira
Kamahuha
Riakanau
Kivaa
Kindaruma Reservoir
Saba Saba
Makuyu
A2
37
Gitaru Res.
Masinga Reservoir
C71
B7
Kaewa
1311
Kabati
Santamor Halt
Kititu
Masinga
Thika
Mitubiri
Thika
(1494)
Thika Falls
Chania Falls
Nzukini
Thitani
A3
Kilima Mbogo
Kilima
Kithioko
Trans East-African Highway
A3
91
Kangonde
1530
Kalimoni
Fourteen Falls
20 km
2146
Matuu
Ruiro
Kyanzavi
Ol Doinyo Sapuk National
B7
Katutu
63
Mathunyani
Ndolo Corner
121

Takawiri Island Resort
Mbita
1875
Gembe Hills
Homa Bay
1298
Pelicanry
Oyugis
Ringa
Sindo
1868
Kwoyo
Ragwe Point
C18
A1
Gwasi Hills
2271
Rambusi
Rangwe
Tabaka
Manga
Mwanza
Musoma
Ruma National Park
Marinde
Nyakoe
Ongeng
C20
Magunga
Nyambunwa
Kisii
Nyandhiwa
Mirogi
Odienya
Keumbu
Qdiek's
Riano
Rongo
Kamagambo
Itumbe
Okuodo Point
Luanda
Rakwaro
Ogembo
Kagaga
Karungu
Ranen
Gucha
Lake Victoria
Karungu Bay
Moqunga
Rapogi
Sare
Gurekeri Bay
Kuja
Wath Onger
Gucha
Morra Point
Macalder Mines
Uriri
Mariwa
Nyangusu
C17
Othoch Rakuom
1636
Monianku
Muhoro
C13
Ongoche
Kakrao
Akoko
Bande
Masara
Oyani
Moita
2037
Mukuro
Migori
Shirati
Suna
Rosari Point
Nyarombo
Kurtiange
Tatwe
Suba Kuria
Kihancha
C13
Isebania
Lolgorien
1734
Sirari
1686
B6
Ronda
Utegi
Mori
Tarime
Gamasara
Rosana
Nyamwaga
Ntimaru
1967
Kerinci
1685
1840
Bwiregi
Soit Olool
Buturi
Tinigireme
Kitandu
Mara Mine
Mara Bay
Kisaka
Mara
Magana
Masirori Swamp
Maji Moto
Busegwe
Kiagata
Iramba
1779
Ikorongo Game Reserve
1649
Buhemba
Mara
Bisariye
Nyamuswa
Mugumu
Negoti
1752
Mugeta
Hunyari
Fort Ikoma Lodge
Ruwana
Ikoma
Ushashi
Nata
Grumeti Game Reserve
Grumeti
Robanda
Fort Ikoma Gate
Kirawira
Grumeti River Camp
Kijerashi Camp
Mbalageti
Kirawira Camp
Orangi
Handajega
Banagi

114

118

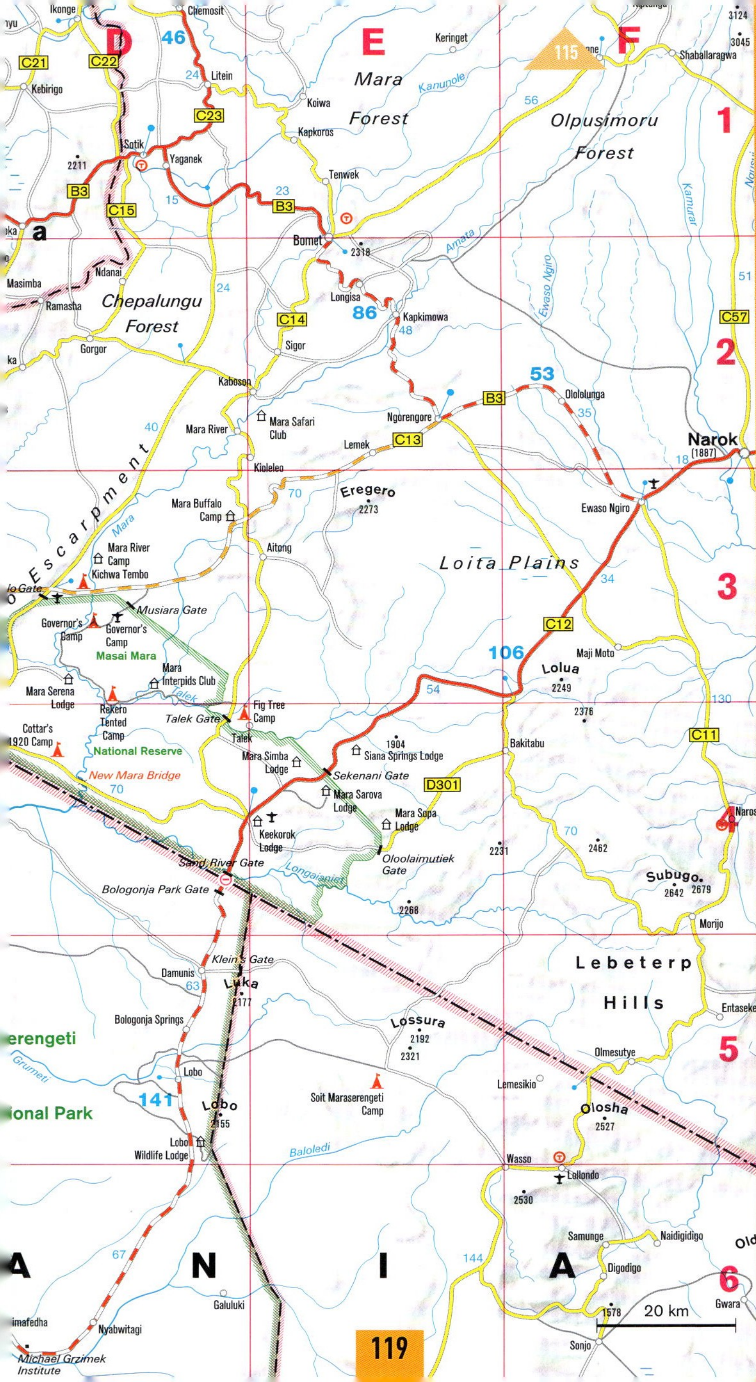
D
E
F
1
2
3
4
5
6
115
Ikonge
Chemosit
46
Keringet
Shaballaragwa
3124
3045
C21
C22
Kebirigo
Litein
C23
Koiwa
Mara
Forest
Kanunole
Olpusimoru
Forest
Kapkoros
Sotik
Yaganek
2211
Tenwek
B3
C15
Bomet
2318
Amata
Kamurar
Ewaso Ngiro
Ndanai
Masimba
Ramasha
Chepalungu
Forest
Longisa
86
Kapkimowa
C57
C14
Sigor
Gorgor
Kaboson
53
Ololulunga
Mara Safari Club
Ngorengore
Mara River
Lemek
C13
Narok
(1887)
Kioleleo
Eregero
2273
Ewaso Ngiro
Mara Buffalo Camp
Escarpment
Mara
Mara River Camp
Kichwa Tembo
Aitong
Loita Plains
Musiara Gate
Governor's Camp
Masai Mara
Mara Interpids Club
C12
106
Maji Moto
Lolua
2249
Mara Serena Lodge
Rekero Tented Camp
Talek
Talek Gate
Fig Tree Camp
2376
Cottar's 1920 Camp
National Reserve
Mara Simba Lodge
1904
Siana Springs Lodge
Bakitabu
C11
New Mara Bridge
Sekenani Gate
Mara Sarova Lodge
D301
Mara Sopa Lodge
Naroso
Keekorok Lodge
Oloolaimutiek Gate
2231
2462
Sand River Gate
Longaianiet
Subugo
2642
2679
Bologonja Park Gate
2268
Morijo
Klein's Gate
Lebeterp
Hills
Damunis
Luka
2177
Entaseker
Bologonja Springs
Lossura
2192
2321
Serengeti
Grumeti
Olmesutye
Lobo
Lemesikio
Soit Maraserengeti Camp
141
Lobo
2155
Olosha
2527
National Park
Lobo Wildlife Lodge
Baloledi
Wasso
Lollondo
2530
Samunge
Naidigidigo
A
N
I
A
Digodigo
Galuluki
1578
20 km
Gwara
Nyabwitagi
Sonjo
Michael Grzimek Institute

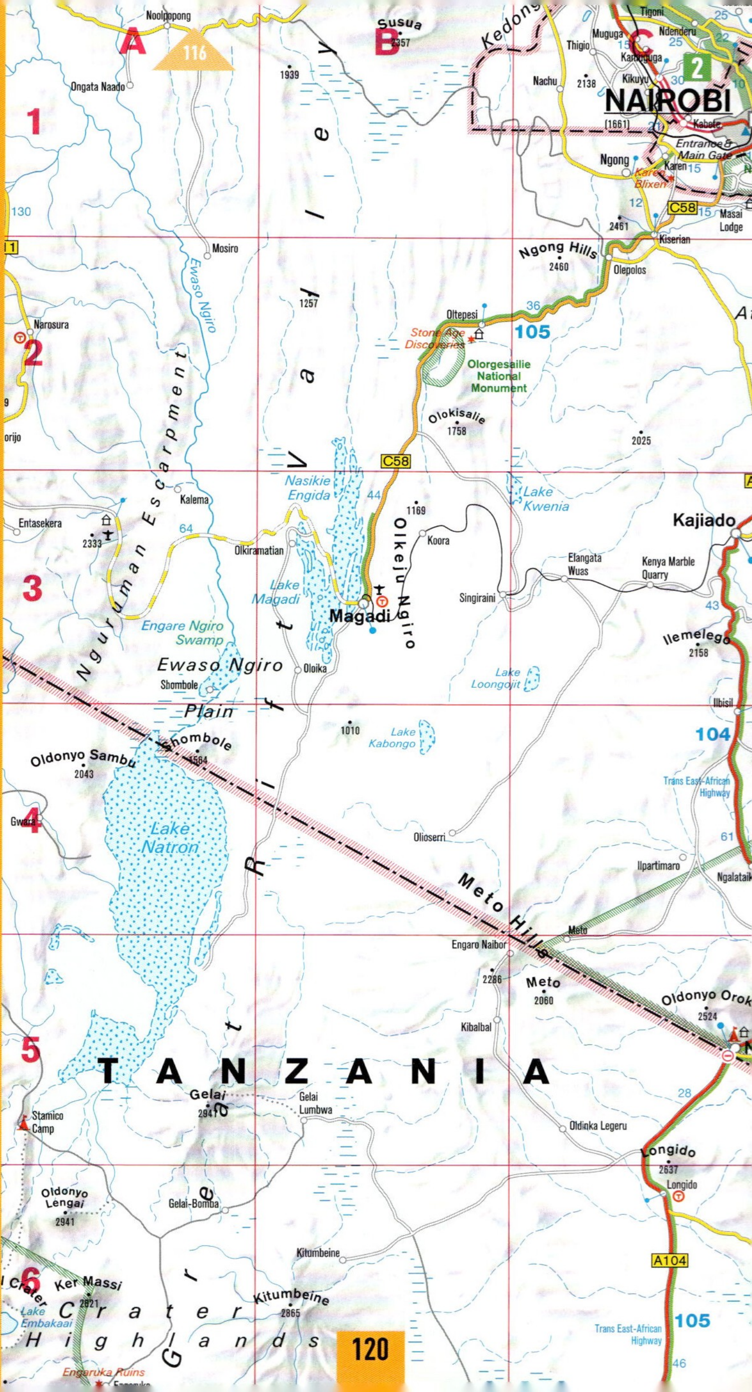
A
B
C
116
1
2
3
4
5
6
Noolpopong
Ongata Naado
Susua
2357
1939
Kedong
Tigoni
Ndenderu
Muguga
Thigio
Kanguguga
Kikuyu
Nachu
2138
NAIROBI
[1661]
Kabete
Entrance & Main Gate
Ngong
Karen
Karen Blixen
C58
2461
Masai Lodge
Kiserian
Ngong Hills
2460
Olepolos
130
Mosiro
Ewaso Ngiro
1257
Narosura
Oltepesi
36
105
Stone Age Discoveries
Olorgesailie National Monument
Olokisalie
1758
2025
Rift Valley
orijo
Nguruman Escarpment
C58
Nasikie Engida
44
1169
Lake Kwenia
Kalema
Entasekera
2333
64
Olkiramatian
Koora
Olkeju Ngiro
Kajiado
Elangata Wuas
Kenya Marble Quarry
Lake Magadi
Magadi
Singiraini
43
Engare Ngiro Swamp
Ilemelego
2158
Ewaso Ngiro Plain
Shombole
Oloika
Lake Loongojit
Ilbisil
1010
Lake Kabongo
104
Oldonyo Sambu
2043
Shombole
1564
Trans East-African Highway
Gwara
Lake Natron
Olioserri
61
Ilpartimaro
Ngalatai
Meto Hills
Meto
Engaro Naibor
2286
Meto
2060
Oldonyo Orok
2524
Kibalbal
TANZANIA
28
Gelai
2941
Gelai Lumbwa
Stamico Camp
Oldinka Legeru
Longido
2637
Longido
Oldonyo Lengai
2941
Gelai-Bomba
Kitumbeine
A104
Ker Massi
2821
Kitumbeine
2865
Crater Highlands
Crater
Lake Embakaai
105
Trans East-African Highway
46
Engaruka Ruins

RUIRO
D
E
F
117
Ol Doinyo Sapuk National Park
Kyanzavi
Yatta
Kithimani
Mathu
Kahawa
Nairobi
Dandora
Tala
Tala Tourist Lodge
Kangundo
Kabaa
Nairobi (Jomo Kenyatta International)
Nairobi (Wilson)
Embakasi
Athi
Kinyala
Mitaboni
Kathiiani
Syathani
Kivaani
Makutano
Myondoni
Katangi
Wamunyu
Marimbeti
Athi River
Cheetah Gate
Mutondoni
Masil
Yatta
Ngelani
Machakos
Mosque
Kaani
Lema
Plains
Lukenya
Kitooni
Kiatineni
Tawa
Uaani
Miu
Thwake
Ilika
Kavumbu
Stony Athi
Makaveti
Mbombuni
Muumandu
Mbooni
Kalawa
Isinya
Kapiti Plains Estate
Mutembuku
Kapiti Plains
Konza
Transafrican Highway
Kivani
Kilala
Katangini
Kitandi
Keite
Makueni
Kilima Kiu
Ulu
Nunguni
Salama
Enzai
Kikoko
Nziu
Wautu
Nkoikarisini
Kiu
Maiyani
Mumbuni
Kathonzweni
Kalembwam
Enkorika
Kima
Kasikeu
Matiliku
Masumba
Busiani
Sultan Hamud
Mwanyan
Kikumini
Nzai
Emali
Iron Snake Train
Mashuru
Kibini
Muoni
Simba
Kiboko
Selengei
Emotoroki
Temple
Mailua
Olosinkiran
Kiboko
Merueshi
Amboseli
Lengesim
Migululu
Chyulu Hills
Game
Namanga (Meshanani) Gate
Reserve
Kilimanjaro Buffalo Lodge
Makutano
Campi Ya Kanzi
Lake Amboseli
Amboseli
Lemboti Gate
Ol Tukai
Ol Tukai Lodge
Kilimanjaro Safari Lodge
Amboseli Lodge
Kimana Lodge
Sinya Mine
Kitirua Gate
Tortilis Camp
Amboseli Serena Lodge
National Park
Kimana (Olkelunyiet) Gate
Mabati
Kimana Safari Lodge
Kimana
Kilimanjaro Buffalo Lodge
20 km
Ol Molog
Osirwa Safari Cottages
Kamwanga
Endoinet
Curio Shop
Oloitokitok
Rongai
Londorossi
Mount
Entarera
126

A
B
C
1
2
3
4
5
6
B7
Katutu
63
Mathunyani
Ndolo Corner
Mutonguni
1641
Ikoo
35
Kathibo
Mutitu
Ktuwaa
1337
30
Matinyani
Mutukya
Endau
Syongila
1364
Kalungu
40
C97
Kitui
Ikoo
33
Wikililye
Tiva
Inyuu
40
Makongo
1457
Kyuluni
11
Zombe
Mwitika
Kalikuyu
Katulani
Yatta
Kisasi
40
Mwewe
1237
27
Kyamatu
Ilika
Musa
Mbitini
52
Thua
Voo
Mutembuku
Mombasa
30
21
Ikanga
Enyali
20
150
1353
Mutha
Tiva
Kamuku
Mutomo
Kyoani
Muthue
Thavu
28
52
B7
Kanziko
Kalivu
Tumarela
Athi
Ikutha
Kimathenya
1159
Kasala
Tsavo East NP
Northern Area HQ
Warden's House
50
Kiluluini
Kailembwa
Makindu
65
Temple
Hunters Lodge
Masalani (Bushwalker's) Camp
Transafrican Highway
Tundani
Kalulini
Ikulumi
991
Mbuinzau
Ndia Ndasa
Basadi
Kibwezi
Chyulu Hills
A109
Masongaleni
Chyulu Range
Ngwata
Darajani
41
Tsavo Safari Camp
Kambu
Kathekani
Nagi Ndethya
138
Tsavo Inn
National Reserve
Kilalinda Camp
National Park
Mtito Andei
Mtito Andei Gate (Tsavo East)
Mtito Andei Gate & Tsavo West Park Office
Athi
Kamboyo
Kanga
Kalinzo Plain
Shetani Caves
49
Shetani Lava Flow
Iron Snake Train
Loltorish
Chyulu Gate
Munsai Plain
80
Kalanga Valley
Kenani
Finch Hatton's Lodge
Kilaguni
Ngulia Hills
Chaimu Crater
Kyulu
Poacher's Lookout
Mzima Springs
Rhino
Kitani Lodge
Ngulia Safari Camp
Tsavo
620
Yatta Plateau

127

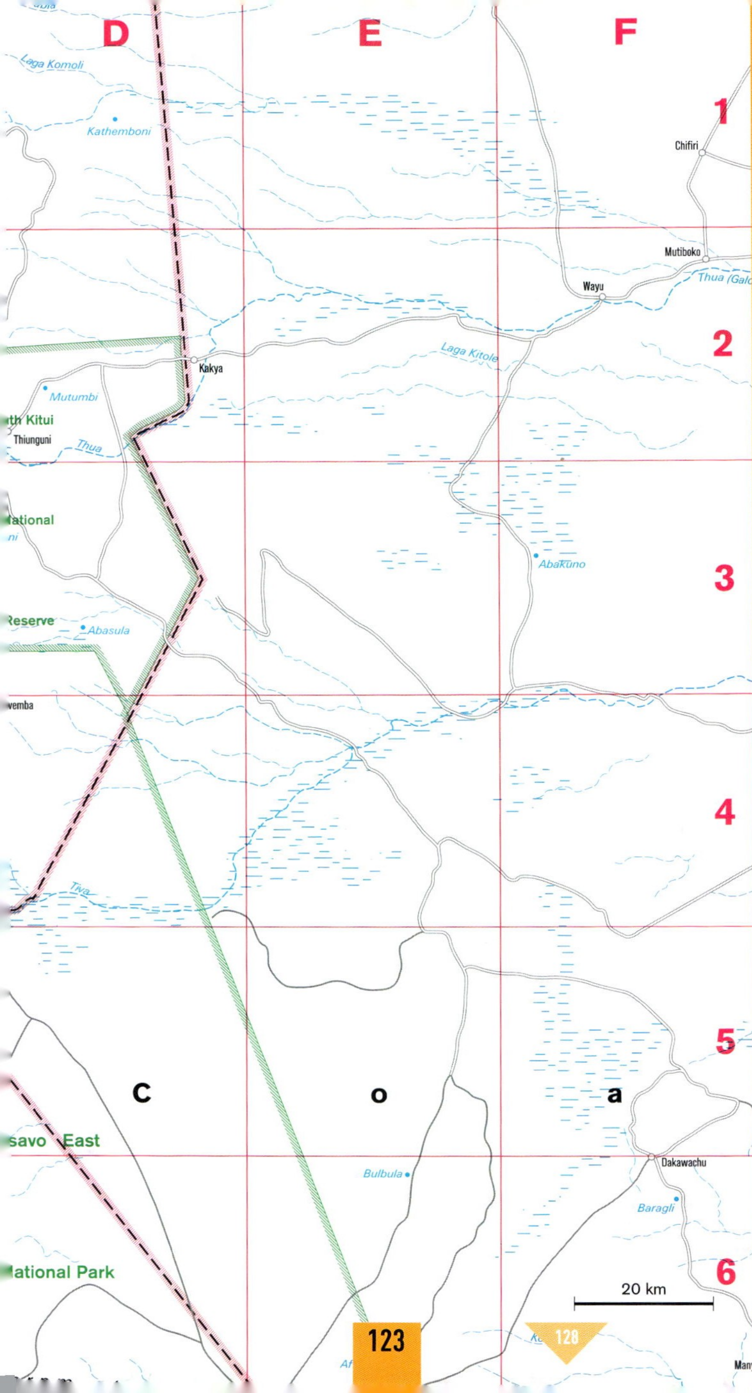
D
E
F
1
2
3
4
5
6
Laga Komoli
Kathemboni
Chifiri
Mutiboko
Thua (Gal
Wayu
Laga Kitole
Kakya
Mutumbi
th Kitui
Thiunguni
Thua
ational
Abakuno
Reserve
Abasula
wemba
Tiva
C
o
a
savo East
ational Park
Bulbula
Dakawachu
Baragli
20 km
Many

A
B
C
North E
Buta Country Club
Masabubu
B8
61
Makere
Galimani
Ananotu
Arawale
National Reserve
Balguda
Hola
Ingille
Pumwani
Tana
Ijara
Masalani
Dafam
39
Wenje
97
Tana River Primate Sanctuary
Mchelelo Camp
Baymo
Baomo Lodge Site
Kitere
Laga Kokani
Mnazini
Fudua
Mwina
Marembo
Kulesa
Wema
Hewani
Garsen
Tulu
Idsowe
Nyangore
49
Minjila
Kibusu
C112
Pangani
31
Witu
Dida
Waredi
Lake Shaka Babo
Ngao
Tana River Delta
Golbanti
Oda
Matapani
20
Kau
Kipini
Swahili Village Ruins
Laini
Anasa
55
Ozi
Dera
134
Tana River Delta Camp
Karawa
50
Ungwana Bay
48
Gandi
Hadu
Marereni
Ramada
129
Fundisa
Manyeso
Hell's Kitchen
Mizijini
Ras Ngomeni
1
2
3
4
5
6

D
E
F
1
2
3
4
5
6
Galma Galla
a s t e r n
Lac Gifta Bura
Laga Garebey
Uaiore
SOMALIA
Madero
Bio Gudud
Boni National Reserve
Dodori
Arosen
Chiamboni
Ras Chiamboni
Dar Es Salaam (Shakani)
Mararani
Mangai
Kiunga
Milimani
Kiungamwina Island
Dodori National Reserve
Mambore
Simambaya Island
Kiunga National Marine Reserve
Bodhei
Majengo
Duldul
Kiduruni
Kiwaihu Safari Lodge
Rubu
Simambaya
Ashuwei
Kiwayu Safari Village
Kiwayu
Mkokoni
Oseni
Kiwayu Island
Kiangwe
Anish
Mongani Creek
Magumba
Dondo
Siyu Channel
Ndau Island
Kiwayu Island Lodge
Kiwayu Bay
Bargoni
Tondwa
Faza
Kizingitini
Magogoni
Fort
Paté Island
Mitangawanda
Siyu
Nabahani Ruins
Shanga Ruins
Pate
Kisingati Island
Paté Bay
Hindi
Hidio
Mokowe
Lamu
Blue Safari Club
Manda Toto Island
Manda
Mariyamu
Manda Bay
Manda Island
Lamu Fort
Matondoni
Shela
Takwa Milinga
Takwa Ruins
Mkunumbi
Kipungani Bay Resort
Lamu Island
Shela Beach
Ras Kitau
Lamu Bay
Luziwa
Kiongwe
Ras Tenewe
Mpeketoni
I N D I A N
O C E A N
20 km

120

A
B
C
1
2
3
4
5
6
A104
105
Trans East-African Highway
46
Lariboro
22
Oldonyo Sambu
2109
Little Meru
3820
Mount Meru
4565
31
Arusha National Park
Nkoarango
ARUSHA
[1400]
Arusha
Lake Duluti
Ngare Seru
Lodge
Usa River
23
A23
Mount Meru Lodge
Snake and Reptile Farm
Mount Meru Game Sanctuary
Tengeru
Hatari Lodge
Ngare Nanyuki
19
Momella Lakes
Ndogo Camp
Lekuruki
Ngurdoto Crater National Park
1551
79
Karangai Ndogo
Nduruma Chini
24
Karangai Kubwa
Mbuguni
Losinyai
Mabati
Ol Molog
Osirwa Safari Cottages
38
Londorossi
Tinga Tinga
Engare Nairobi
Kamwanga
Endoinet
Rongali
Oloitokitok
Kimana Safari Lodge
Kilimanjaro Buffalo Lodge
(Olkelunyiet) Gate
C103
35
15
Curio S
Kibouni
Mount Kilimanjaro
Shira
3943
Shira Hut
Uhuru
5892
Hans Meyer Cave
Kibo Hut
Mawenzi
5149
Horombo Hut
Usara
National Park
Mandara H
1603
Sanya Juu
Machame
Park Gate
Mashangala
Umbwe
Mweka
Liwati
Kware
18
Mango
Weru Weru
15
10
Sanya Chini
MOSHI
[800]
Kidia
Maua
Kibo Hotel
Marangu
[1500]
Kirua
14
24
1431
13
Mbuyuni
Uchira
Himo
Rundugai
Sanya Plains
Kilimanjaro International
Kikafu Ya Chini
31
Kahe
15
B1
Kifaru
Arusha Chini
Kikuletwa
1268
118
Samanga
Lake Pangani
Kisaniro
1000
Arusha
Lelatema Mountains
Latalasa
1624
Mwanga
Nyamba Ya Mungi Reserve
Nyumba Ya Mungu
1344
Komolo
Terat
1286
Ki
Lake Ambussel
1852
Kiriya
Sukuro
Taikus
71
1748
Lossoganeu
2123
Landanai
Oldonyo Ukuto
1863
Lossogonoi
Plateau
Rotian
1832
Simanjiro Plain
Naberera
1413
42
1638
1396
Laivera
Namalulu
Upuni
49
Loldorobo Hill
1760
1601
1557
Ngasumet
1623

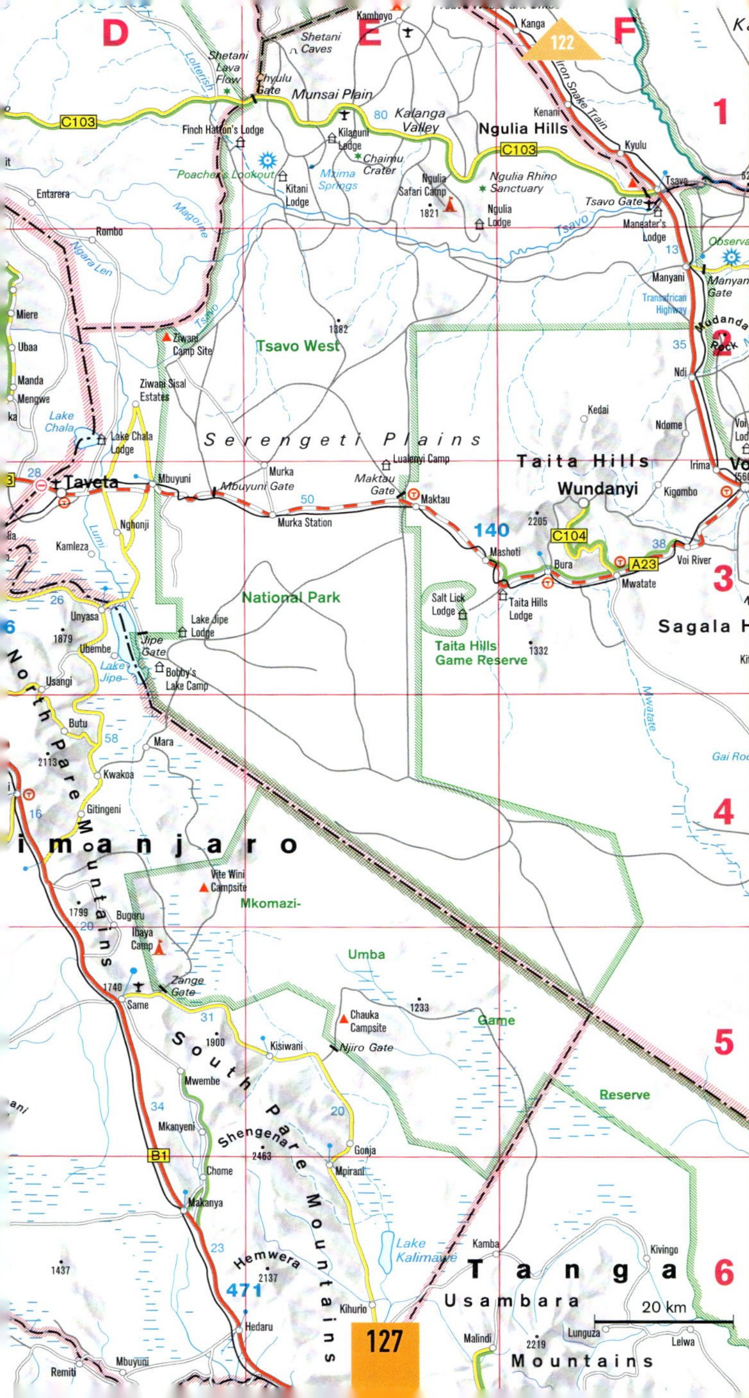
D
E
F
122
1
2
3
4
5
6
127
Kamboyo
Shetani Caves
Shetani Lava Flow
Chyulu Gate
Munsai Plain
Lolterish
C103
Finch Hatton's Lodge
Kilaguni Lodge
Chaimu Crater
80
Kalanga Valley
Ngulia Hills
Kanga
Iron Snake Train
Kenani
Kyulu
Tsavo
Tsavo Gate
Maneater's Lodge
Poacher's Lookout
Kitani Lodge
Mzima Springs
Ngulia Safari Camp
1821
Ngulia Rhino Sanctuary
Ngulia Lodge
Entarera
Rombo
Magoine
Ngara Len
Tsavo
13
Observa
Manyani
Manyani Gate
Transafrican Highway
Mudanda Rock
35
Ndi
Miere
Ubaa
Manda
Mengwe
Lake Chala
Lake Chala Lodge
Ziwani Camp Site
Ziwani Sisal Estates
1382
Tsavo West
Serengeti Plains
Kedai
Ndome
Voi
Taita Hills
Irima
Lualenyi Camp
Murka
Maktau Gate
Maktau
Wundanyi
Kigombo
28
Taveta
Mbuyuni
Mbuyuni Gate
50
Murka Station
2205
140
C104
Mashoti
Bura
A23
38
Voi River
Mwatate
Nghonji
Kamleza
Lumi
National Park
Salt Lick Lodge
Taita Hills Lodge
Taita Hills Game Reserve
1332
Sagala H
Kiti
26
Unyasa
1879
Ubembe
Lake Jipe Lodge
Jipe Gate
Lake Jipe
Bobby's Lake Camp
Usangi
North Pare Mountains
Butu
58
Mara
Mwatate
Gai Roc
2113
Kwakoa
16
Gitingeni
Kilimanjaro
Vite Wini Campsite
Mkomazi-
1799
Buguru
20
Ibaya Camp
Umba
1740
Same
Zange Gate
31
1233
Chauka Campsite
Game
1900
Kisiwani
Njiro Gate
South Pare Mountains
Mwembe
34
Reserve
20
Mkanyeni
Shengena
2463
Gonja
Mpirani
B1
Chome
Makanya
23
Lake Kalimawe
Kamba
Kivingo
1437
Hemwera
2137
Tanga
471
Kihurio
Usambara
20 km
Hedaru
Malindi
2219
Lunguza
Lelwa
Mountains
Remiti
Mbuyuni

A
B
C
122
1
2
3
4
5
6
Kyulu
Tsavo
Gate
Maneater's Lodge
620
Yatta Escarpment
Hippo Point
Crocodile Point
Galana
Koito
Bereito
Wasanya
Aftuti
425
Crocodile Tented Camp
Observation Hill
Lugards Falls
101
Crocodile Camp Site
C103
Sala
Sala Gate
13
Manyani
Manyani Gate
Transafrican Highway
Mudanda Rock
Mbololo
35
Ndi
Voi
Ndome
Voi Safari Lodge
Tsavo East Park Office
Aruba Lodge
443
Irima
Voi
(560)
Ndololo Campsite
Voi Gate
Kigombo
Mukwaju Camp Site
Rei
Ndara Plains
Ndara
Dika Plains
38
Voi River
A23
A109
Mwatate
Sagala
Ndara
Maungu Plains
Sagala Hills
68
Maungu
Buchuma
Kitibu
160
Silanoni
Mwatate
Buchuma Gate
Buchuma
Mwanatibu
Mackinnon Road
Maruvesa
Gai Rock
Taru
Transafrican Highway
27
Samburu
Makwasinyi
Rukanga
Kasigau
1641
27
Kinagoni
Bungule
31
Kilibasi
Kituu
43
Shambini
C107
30
Banga
Mwamandi
Kinango
Lasamba
708
Mwardimu
Gulanze
Shimba Hills
serve
Ndavaya
60
Mkongani
Giriama Elephant
Mwele Mdogo Forest
Shimba Hills National Reserve
Mwereni
C106
Mwangulu
Kivingo
Ramisi
Mwanayamala
470
Makalanga
29
Kikoneni
Kileve
517
Mrima
Lelwa
Umba
18
Lunga Lunga
Kidimu
Mikameni
17
Jambe
Majoreni
26
Horohoro
Umba
Sii Island
Vanga
Mtandikeni
Mvumoni
Mpunguti Marine N.
Mahavani

D
E
F
124
1
2
3
4
5
6
Koromi
Robinson Island
Ras Ngomeni
Ngomeni
Ramada
Hell's Kitchen
Mizijini
Manyeso
Dakacha
Marafa
Kibaoni
Gongoni
Kisiki Cha Mzungu
Matolani
Galana
Baricho
Garashi
169
Marikebuni
Ancient Arab City, Mosque, Koran School
Mambrui
Chakama
C103
Dagamra
Madungoni
Sabaki
Malindi
Casuarina Point
Kakoneni
Jilore
Ganda
Msabaha
Malindi National Marine Park
Mwaga
Mwahera
520
Vitengeni
Arabuko Sokoke Forest
Gedi
Gedi Ruins (National Monument)
Kavuluni
Watamu
Mida Creek
Watamu National Marine Park
Goshi
Shambweni
Penda Kula
Jila
Dida
Rare
Roka
Luswani
Bamba
324
Ganze
Sokoke
121
Tezo
C115
Mtondia
Ndzoyuni
Sea Horse Hotel
Kilifi
Jaribuni
Kilifi Boatyard
Kilifi Creek
Mnarani
Minarani Club Hotel
Mtulu
Mkongoni
Takaungu
Mbongo
Mtsengo
352
Kibaoni
Galanema
Shauri Moyo
B8
Mnyenzeni
Gotani
C107
Kurwitu
A109
Giriama
Kaloleni
Mwarakaya
Snake Train
Mariakani
Jimba
Vipingo
Kikambala Beach
Gongoni
Ribe
Kikambala
Kanamai
Le Pichet Restaurant
Mombasa Marine National Reserve
C111
Tudor Creek
Mtwapa
Bara Hoyo
Jumba La Mtwana
Mazeras
Rabai
Ngomongo Villages
Shimo La Tewa
Majengo
Bamburi Beach, Shanzu Beach
Miritini
Bamburi Nature Trails
Mombasa (Moi International)
Changamwe
Nyali
Nyali Beach
Mombasa Marine National Park
Port Reitz
MOMBASA
Likoni
Shelly Beach Hotel
Shelly Beach
A14
Matuga
Ngombeni
Waa
C106
Kwale
Gate
Sable Valley Wildlife Sanctuary
Tiwi
Tiwi Beach
Ras Mwachema
Diani
Kengo Mosque
Diani Beach
Shedrick Falls
Njele
98
Ukunda
Muhaka
Mbavu
Mwabungu
I N D I A N
O C E A N
Gazi
Kaya Kinondo
Chale Point
Chale Island
Gazi Beach
Msambweni
Maftaha Bay
Kisimachande
Funzi Island
Funzi
Funzi Bay
Shimoni
Cave
Ras Wasini
Wasini Island
Kisite Marine NP
20 km

KARTENLEGENDE

Autobahnähnliche Schnellstraße	
Durchgangsstraße: Asphaltiert · Unbefestigt	
Wichtige Hauptstraße: Asphaltiert · Unbefestigt	
Hauptstraße: Asphaltiert · Unbefestigt	
Sonstige Straße	
Fahrweg, Piste	
Karrenweg	
Trekkingroute	
Straßentunnel	
Straßennummer	A2
Tankstelle	
Großkilometer	49
Kleinkilometer	10
Fernverkehrsbahn	
Sonstige Eisenbahn	
Autofähre	
Schifffahrtslinie	
Landschaftlich besonders schöne Strecke	
Touristenstraße	Transafrican Hwy.
Pass mit Höhenangabe	1400
Bedeutende Steigungen	
Bergspitze mit Höhenangabe in Metern	5199
Ortshöhe	(2360)
Besonders schöner Ausblick	
Nationalpark, Naturpark, Naturschutzgebiet	
Fluss, ganzjährig	
Fluss, periodisch	
Kanal	
Süßwassersee	

Süßwassersee, periodisch	
Salzsee	
Sumpf	
Salzsumpf	
Mangrove	
Korallenriff	
Wüste	
Hauptstadt	**NAIROBI**
Verwaltungssitz	**Garissa**
Staatsgrenze	
Verwaltungsgrenze	
Grenzkontrollstelle	
Parkeingang	
Kirche · Kirchenruine	
Kloster · Klosterruine	
Moschee · Moschee-Ruine	
Festung, Zitadelle	
Festungsruine	
Denkmal · Wasserfall	
Höhle · Ruinenstätte	
Sontiges Objekt	
Hotel, Berghütte · Lodge	
Campingplatz · Rastlager	
Jugendherberge	
Badestrand · Tauchen	
Wasserstelle, Quelle	
Verkehrsflughafen	
Regionalflughafen	
Flugplatz	
Landeplatz	
Ausflüge & Touren	

FÜR IHRE NÄCHSTE REISE

gibt es folgende MARCO POLO Titel:

DEUTSCHLAND
Allgäu
Amrum/Föhr
Bayerischer Wald
Berlin
Bodensee
Chiemgau/Berchtesgadener Land
Dresden/Sächsische Schweiz
Düsseldorf
Eifel
Erzgebirge/Vogtland
Franken
Frankfurt
Hamburg
Harz
Heidelberg
Köln
Lausitz/Spreewald/Zittauer Gebirge
Leipzig
Lüneburger Heide/Wendland
Mark Brandenburg
Mecklenburgische Seenplatte
Mosel
München
Nordseeküste Schleswig-Holstein
Oberbayern
Ostfriesische Inseln
Ostfriesland/Nordseeküste Niedersachsen/Helgoland
Ostseeküste Mecklenburg-Vorpommern
Ostseeküste Schleswig-Holstein
Pfalz
Potsdam
Rheingau/Wiesbaden
Rügen/Hiddensee/Stralsund
Ruhrgebiet
Sauerland
Schwäbische Alb
Schwarzwald
Stuttgart
Sylt
Thüringen
Usedom
Weimar

ÖSTERREICH | SCHWEIZ
Berner Oberland/Bern
Kärnten
Österreich
Salzburger Land
Schweiz
Steiermark
Tessin
Tirol
Wien
Zürich

FRANKREICH
Bretagne
Burgund
Côte d'Azur/Monaco
Elsass
Frankreich
Französische Atlantikküste
Korsika
Languedoc-Roussillon
Loire-Tal
Nizza/Antibes/Cannes/Monaco
Normandie
Paris
Provence

ITALIEN | MALTA
Apulien
Capri
Dolomiten
Elba/Toskanischer Archipel
Emilia-Romagna
Florenz
Gardasee
Golf von Neapel
Ischia
Italien
Italienische Adria
Italien Nord
Italien Süd
Kalabrien
Ligurien/Cinque Terre
Mailand/Lombardei
Malta/Gozo
Oberital. Seen
Piemont/Turin
Rom
Sardinien
Sizilien/Liparische Inseln
Südtirol
Toskana
Umbrien
Venedig
Venetien/Friaul

SPANIEN | PORTUGAL
Algarve
Andalusien
Barcelona
Baskenland/Bilbao
Costa Blanca
Costa Brava
Costa del Sol/Granada
Fuerteventura
Gran Canaria
Ibiza/Formentera
Jakobsweg/Spanien
La Gomera/El Hierro
Lanzarote
La Palma
Lissabon
Madeira
Madrid
Mallorca
Menorca
Portugal
Sevilla
Spanien
Teneriffa

NORDEUROPA
Bornholm
Dänemark
Finnland
Island
Kopenhagen
Norwegen
Oslo
Schweden
Stockholm
Südschweden

WESTEUROPA | BENELUX
Amsterdam
Brüssel
Dublin
Edinburgh
England
Flandern
Irland
Kanalinseln
London
Luxemburg
Niederlande
Niederländische Küste
Schottland
Südengland

OSTEUROPA
Baltikum
Budapest
Danzig
Estland
Kaliningrader Gebiet
Krakau
Lettland
Litauen/Kurische Nehrung
Masurische Seen
Moskau
Plattensee
Polen
Polnische Ostseeküste/Danzig
Prag
Riesengebirge
Russland
Slowakei
St. Petersburg
Tallinn
Tschechien
Ukraine
Ungarn
Warschau

SÜDOSTEUROPA
Bulgarien
Bulgarische Schwarzmeerküste
Kroatische Küste/Dalmatien
Kroatische Küste/Istrien/Kvarner
Montenegro
Rumänien
Slowenien

GRIECHENLAND | TÜRKEI | ZYPERN
Athen
Chalkidiki
Griechenland Festland
Griechische Inseln/Ägäis
Istanbul
Korfu
Kos
Kreta
Peloponnes
Rhodos
Samos
Santorin
Türkei
Türkische Südküste
Türkische Westküste
Zakinthos
Zypern

NORDAMERIKA
Alaska
Chicago und die Großen Seen
Florida
Hawaii
Kalifornien
Kanada
Kanada Ost
Kanada West
Las Vegas
Los Angeles
New York
San Francisco
USA
USA Neuengland/Long Island
USA Ost
USA Südstaaten/New Orleans
USA Südwest
USA West
Washington D.C.

MITTEL- UND SÜDAMERIKA
Argentinien
Brasilien
Chile
Costa Rica
Dominikanische Republik
Jamaika
Karibik/Große Antillen
Karibik/Kleine Antillen
Kuba
Mexiko
Peru/Bolivien
Venezuela
Yucatán

AFRIKA | VORDERER ORIENT
Ägypten
Djerba/Südtunesien
Dubai
Israel
Jerusalem
Jordanien
Kapstadt/Wine Lands/Garden Route
Kapverdische Inseln
Kenia
Marokko
Namibia
Qatar/Bahrain/Kuwait
Rotes Meer/Sinai
Südafrika
Tansania, Sansibar
Tunesien
Vereinigte Arabische Emirate

ASIEN
Bali/Lombok
Bangkok
China
Hongkong/Macau
Indien
Indien/Der Süden
Japan
Kambodscha
Ko Samui/Ko Phangan
Krabi/Ko Phi Phi/Ko Lanta
Malaysia
Nepal
Peking
Philippinen
Phuket
Rajasthan
Shanghai
Singapur
Sri Lanka
Thailand
Tokio
Vietnam

INDISCHER OZEAN | PAZIFIK
Australien
Malediven
Mauritius
Neuseeland
Seychellen
Südsee

REGISTER

In diesem Register sind alle im Reiseführer erwähnten Orte und Ausflugsziele sowie einige wichtige Namen und Stichworte aufgeführt. Halbfette Seitenzahlen verweisen auf den Haupteintrag.

> SCHREIBEN SIE UNS

Liebe Leserin, lieber Leser,

wir setzen alles daran, Ihnen möglichst aktuelle Informationen mit auf die Reise zu geben. Dennoch schleichen sich manchmal Fehler ein – trotz gründlicher Recherche unserer Autoren/innen. Sie haben sicherlich Verständnis, dass der Verlag dafür keine Haftung übernehmen kann.

Wir freuen uns aber, wenn Sie uns schreiben.

Senden Sie Ihre Post an die MARCO POLO Redaktion, MAIRDUMONT, Postfach 3151, 73751 Ostfildern, info@marcopolo.de

IMPRESSUM

Titelbild: Masai Mara Krieger (Getty Images/Stone: Wells)
Fotos: Simon Baumgartner (12 o.); Big Tree Kenya: Starr Livingstone (95 u.r.); Cycling out of poverty: Marieke de Wild (14 o.); Marc Engelhardt (15 o., 134); F1Online/Age: Renaudeau (55, 56); Das Fotoarchiv: Kuenzig (26), Stark (84/85), Xinhua (23); © fotolia.com: michele.pautasso (13 u.); W. Gartung (2 l., 22, 28, 62, 86, 89, 98, 100/101, 101); Getty Images/Stone: Wells (1); C. Haas (94 o. l., 94 M. r., 95 M. r.); HB Verlag (99); Huber: Ripani (8, 77), Schmid (3 M., 6/7, 9, 44/45, 63, 65); IFA-Bilderteam: Koubou (30/31); © iStockphoto.com: Don Bayley (94 M. l.), Mehmet Salih Guler (15 M.), Shane Luitjens (94 u. r.), Angus Plummer (95 o. l.), Jason Stit (14 u.); M. Kirchgessner (73); Laif: Hemispheres (36), Riehle (2 r., 20, 46/47, 74/75, 78, 81), Ulutuncok (71); Lamu Retreats: Jake da Motta (12 u.); Leopard Beach Resort (15 u.); Look: Martin (U. l., 18, 41); Mauritius: Alamy (35), Pigneter (61), Reinhard (3 l.); M. Mauthe (U. M.); H. Mielke (4 r., 5, 28/29, 48, 58, 66/67, 90/91, 96/97); Okapia: Staebler (22/23); Schapowalow: Fahn (U. r., 72), Harding (32); Schwarz (3 r.); Severin Sea Lodge (95 M. l.); M. Thomas (4 l., 11, 16/17, 24/25, 27, 29, 38, 43, 51, 52, 68, 76, 82, 92, 100, 112/113); UniquEco: Georgine Goodwin, Charlie Ceres Cook (13 o.)

10., aktualisierte Auflage 2010

Chefredaktion: Michaela Lienemann (Konzept, Chefin vom Dienst), Marion Zorn (Konzept, Textchefin)
Autoren: Helmut Grosse, Marc Engelhardt; Redaktion: Jochen Schürmann
Programmbetreuung: Silwen Randebrock; Bildredaktion: Gabriele Forst
Szene/24h: wunder media, München
Kartografie Reiseatlas: © MAIRDUMONT, Ostfildern
Innengestaltung: Zum goldenen Hirschen, Hamburg; Titel/S. 1–3: Factor Product, München
Sprachführer: in Zusammenarbeit mit Ernst Klett Sprachen GmbH, Stuttgart, Redaktion PONS Wörterbücher

Printed in Hungary. Gedruckt auf 100% chlorfrei gebleichtem Papier

> UNSER INSIDER

MARCO POLO Korrespondent Marc Engelhardt im Interview

Marc Engelhardt ist freier Afrikakorrespondent und lebt seit 2004 in Nairobi.

Sie leben seit 2004 in Kenia. Wie ist es dazu gekommen?

Meine Frau und ich waren schon ein paar Mal in Afrika, als sie schließlich eine Stelle in Nairobi zugesagt bekam. Die Menschen und die Natur in Afrika hatten uns schon im Urlaub so sehr fasziniert, dass wir nicht lange überlegt haben. Ich habe meinen Job bei der Tagesschau gekündigt und bin von der Elbe an den Äquator gezogen.

Was reizt Sie an Kenia?

Die schier endlose Weite und die von den Menschen so unbeeindruckt wirkende Tierwelt, aber auch das pulsierende Leben einer Großstadt wie Nairobi, die nicht schön, aber richtig aufregend sein kann. Vor allem aber ist es die Wildnis, die mich fasziniert, und diejenigen, die dort leben und überleben.

Wo und wie leben Sie genau?

Ich lebe in Kenias Hauptstadt Nairobi, zehn Minuten von der lauten westlichen Innenstadt entfernt, aber dennoch im Grünen. So oft es geht, fahren wir auf Safari. Oft reicht eine Stunde Fahrt, und man ist in einer ganz anderen Welt.

Was genau machen Sie beruflich?

Ich bin freier Afrika-Korrepondent und arbeite für deutsche, österreichische und Schweizer Zeitungen sowie fürs Radio und fürs Fernsehen (ARD). Ich reise viel in die verschiedensten Ecken Afrikas, natürlich auch in Konflikt- und Krisengebiete.

Kommen Sie viel in Kenia herum?

Ja, beruflich und privat. Dann sehe ich vor allem Orte, die man als Tourist nicht so leicht erreicht, den Norden, der mich besonders fasziniert, aber auch das Innere des Massai-Lands oder die kleinen Dörfer, deren Namen man sich nicht merken kann. Mein Lieblingsort zum Ausspannen ist Lamu.

Was tun Sie in Ihrer Freizeit?

Ich beschäftige mich mit meinen Töchtern Annika und Merle, die in Nairobi geboren sind. Wir sind viel draußen, im eigenen Garten oder im Grünen. Außerdem gibt es viel mehr Kinder als in Deutschland – über die Freunde meine Töchter habe ich schon viele spannende Menschen kennengelernt.

Mögen Sie die afrikanische Küche?

Ja, vor allem die Frische und die Vielfalt. Fleisch und Gemüse sind immer bio, weil sich Pestizide, Hormone etc. hier nie durchgesetzt haben. Wie die Kenianer stehe ich auf einfache Zubereitung: Fisch vom Grill, Steak aus der Pfanne, in Öl gebratene Shrimps. Zum Nachtisch gibt's Obst: Mango, Ananas, Passionsfrucht.

> BLOSS NICHT!

Es stimmt: Wilde Tiere sind wild, und die Äquatorsonne ist heiß

Die Äquatorsonne unterschätzen

Vor allem am Strand kann schon ein kurzes ungeschützt genossenes Sonnenbad ausreichen, um den ganzen Urlaub zu verderben. Die Äquatorsonne ist intensiv und tückisch.

Aussteigen

In Nationalparks darf man nur an gekennzeichneten Stellen aus dem Auto aussteigen. Aus gutem Grund: Es ist lebensgefährlich! Die vermeintlich niedlichen Affen nahe Ihres Zelts können schnell aggressiv werden. Halten Sie Abstand, und füttern Sie sie niemals.

Kenianer bemitleiden

Viele Kenianer sind arm, aber sie sind auch stolz. Als Urlauber haben Sie die Chance, auch denen Respekt zu zeigen, die wenig haben – zum Beispiel durch ein Gespräch. Geben Sie gezielt etwas, wenn Sie helfen wollen, nicht aus schlechtem Gewissen.

Zahlen

Ein heikles Thema ist die in Kenia vorkommende Korruption. Sollte tatsächlich jemand ein Bestechungsgeld von Ihnen verlangen, stellen Sie sich dumm und lassen Sie denjenigen wieder und wieder erklären, was genau er meint. Regen Sie sich auf, kann das – vor allem bei Polizei oder offiziellen Stellen – Schwierigkeiten nach sich ziehen.

Knausern

Wenn Sie mit einem eigenen Führer auf eine längere Safari gehen, auf den Mount Kenya steigen oder einen Fahrer mieten, zeigen Sie sich – es sei denn, Sie sind wirklich unzufrieden – großzügig. Die Trinkgelder bilden meist das Haupteinkommen der Betroffenen.

Leitungswasser trinken

Auf keinen Fall sollten Sie Wasser aus der Leitung trinken, vorsichtshalber auch nicht in den besten Hotels. Mineralwasser, in Flaschen abgefüllt und verschlossen, ist die bessere Alternative – nicht nur zum Trinken, sondern auch zum Zähneputzen.

Zu freizügig sein

Jeder öffentliche Austausch von Zärtlichkeiten, etwa ein harmloser Kuss oder Händchen halten auf offener Straße, ist in Kenia absolut unüblich. Homosexualität ist sogar verboten. FKK, auch nur oben ohne, ist in Kenia ebenfalls verboten.

Sitzen bleiben

Wenn die Nationalhymne erklingt – und das ist vor jeder öffentlichen Aufführung, sei es ein Konzert, ein Kinofilm oder Ähnliches, der Fall –, stehen alle auf und halten inne, bis die Musik zu Ende ist. Und das wird auch von ausländischen Gästen erwartet